La guida incredibilmente semplice agli Apple Watch Serie 9, SE e Ultra

COME INIZIARE CON L'APPLE WATCH 2023 E WATCHOS 10

Scott La Counte

ANAHEIM, CALIFORNIA
www.RidiculouslySimpleBooks.com

Indice dei contenuti

Disclaimer: *si prega di notare che, sebbene sia stato fatto ogni sforzo per garantire l'accuratezza, questo libro non è approvato da Apple, Inc. e deve essere considerato non ufficiale.*

INTRODUZIONE

Scoprite gli intricati dettagli e le funzionalità dell'orologio più avanzato di Apple, l'Apple Watch Series 9. Che si tratti di un utente alle prime armi o di un appassionato di Apple Watch, questa guida offre informazioni preziose per un'esperienza senza problemi.

All'interno della Guida:
- Introduzione all'Apple Watch Series 9: capire le sue caratteristiche principali e i suoi vantaggi.
- Cosa c'è di nuovo in WatchOS 10
- Le differenze tra i vari orologi
- Cosa possono (e non possono) fare gli Apple Watch Series 9, SE e Ultra
- Tracciamento della salute e del fitness: Scoprite le funzioni sanitarie dell'orologio, tra cui i sensori di ossigeno nel sangue e di temperatura.
- Comunicazione e notifiche: Padroneggiate le funzionalità di comunicazione e personalizzate le notifiche.

- Personalizzazione: Personalizzare l'orologio secondo i propri gusti.
- Ausili visivi per padroneggiare gli strumenti di comunicazione e personalizzare le notifiche.
- Immagini dettagliate per guidarvi nella personalizzazione dell'estetica e della funzionalità dell'orologio.
- Utilizzo di Apple Pay dall'Apple Watch.
- Utilizzo dell'impostazione della famiglia.
- Utilizzo dell'app Lavaggio delle mani.
- Tracciare il sonno.
- Trovare, installare, aggiornare e rimuovere le app dall'Apple Watch.

Per tutti coloro che cercano di abbracciare la tecnologia per rimanere connessi, in salute e attivi, l'Apple Watch Series 9 è l'essenziale dei giorni nostri. Scoprite questa guida per massimizzare la vostra esperienza con lo smartwatch.

Siete pronti a godervi il vostro nuovo Apple Watch? Allora iniziamo!

Nota: questo libro non è approvato da Apple, Inc. e deve essere considerato non ufficiale.

[1]

Novità per l'Apple Watch

watchOS 10

Una delle cose migliori del possedere un dispositivo Apple sono gli aggiornamenti gratuiti; di solito, una volta all'anno viene effettuato un aggiornamento importante del sistema operativo. Ciò significa che, anche senza acquistare un nuovo orologio, avrete a disposizione la maggior parte delle funzioni migliori. Gli orologi più recenti possono avere una o due funzioni esclusive, ma la maggior parte delle modifiche riguarda l'hardware, il che significa che potrebbe essere un po' più veloce, ma funzionerà sempre allo stesso modo.

Cosa rende migliore watchOS 10? Diamo un'occhiata ad alcune delle principali funzioni disponibili in watchOS 10.

Innanzitutto, parliamo di Smart Stack. Consideratelo come il vostro DJ delle informazioni personali sul quadrante dell'orologio. Potete scegliere i vostri widget preferiti e lui li fa girare, mostrandovi quello che ha più senso in quel momento, che si tratti del meteo, della vostra prossima riunione o di come state raggiungendo (o, ahem, non raggiungendo) i vostri obiettivi di fitness.

Avanti: Gestione dei dispositivi mobili (MDM). In parole povere? Le aziende possono configurare e proteggere i loro Apple Watch da remoto. È possibile distribuire le app, modificare le impostazioni e assicurarsi che tutto sia più chiuso di Fort Knox.

Per gli amanti della vita all'aria aperta - ciclisti ed escursionisti, sto parlando di voi - watchOS 10 vi copre con nuove funzioni di tracciamento. Potenza erogata, dislivelli, zone di frequenza cardiaca: c'è tutto quello che serve per garantire che le vostre corse ed escursioni non siano solo sicure, ma anche un modo per migliorare il vostro gioco.

Ci sono anche alcuni aggiornamenti più piccoli, di tipo "sotto le lenzuola", tra cui: Migliore durata della batteria (perché nessuno ha tempo di ricaricarla continuamente), prestazioni più rapide (perché a chi piace aspettare?), nuovo feedback aptico (perché chi non ama sentire un leggero tocco sul polso?) e supporto per nuove lingue (multilingue per la vittoria!).

Modifiche all'interfaccia delle app

Allarmi - Sono per lo più gli stessi, solo più grandi. È come se avesse avuto uno scatto di crescita durante la notte.

App Store - Quel pulsante di ricerca? Ora gioca a nascondino in alto a sinistra. Inoltre, i titoli delle immagini ora sembrano amici, rendendo più fluida la navigazione.

Calendario - Hanno ravvivato un po' i colori. E il pulsante "Aggiungi nuovo"? È stato spostato dall'attico al seminterrato.

Contatti - Modi più rapidi per aggiungere contatti o dare un'occhiata a "La mia scheda". A questo proposito, "La mia scheda" è ora amica della funzione NameDrop dell'orologio.

Frequenza cardiaca - Sullo schermo c'è un grande cuore che batte. Passando il dito verso il basso, è come se fosse il diario giornaliero del vostro cuore, con la frequenza di riposo, la media di camminata e altro ancora.

Home - I feed della fotocamera sono al centro dell'attenzione e i pulsanti? Questa volta le dimensioni sono giuste.

Mail - Vogliono che leggiate più che scrivere. Il pulsante "Compose" è diventato obsoleto.

Messaggi - I vostri contatti hanno ora le foto del profilo! È come un mini Facebook.

Musica - Hanno messo in primo piano il pulsante "Ascolta ora", che vi permetterà di ascoltare rapidamente brani di grande successo.

Notizie - Grandi titoli e immagini. E ora si può scorrere verso l'alto e verso il basso come se si stesse leggendo un mini giornale.

Rumore - Misuratore di decibel più grande, che indica se il suono è fresco o meno con un piccolo sfondo colorato.

Now Playing - L'arte dell'album è diventata più umile e i controlli sono stati migliorati. E il pulsante AirPlay? Sta prendendo il sole in alto.

Foto - Riflettori puntati sui vostri preferiti e sulle vostre caratteristiche.

Podcast - Ti conosce! Apre all'ultimo episodio ascoltato. In più, alcune solide raccomandazioni.

Remote - Vedere altri dispositivi e la riproduzione? È come una corsia preferenziale in autostrada.

Sonno - Indica come si è dormito, ma se si è amanti della routine, toccare la sveglia per raggiungere il proprio orario.

Cronometro - Senza fronzoli. Si apre direttamente all'azione del cronometro.

Timer - Pulsanti rapidi per i timer preimpostati e un grande "+" per i momenti più specifici.

Meteo - È come una mini galleria d'arte meteorologica. Lo sfondo e una tabella di colori aiutano a valutare l'atmosfera della giornata.

Allenamento - Una spruzzata di nuovi colori e alcune modifiche. Ad esempio, gli allenamenti "aperti"? Ora significa davvero "aperti".

Orologio mondiale - Tutto dipende dal luogo in cui ci si trova. Ma basta un tocco? E ci si teletrasporta per controllare gli orari altrove. E lo sfondo? È un'icona dell'umore, che si adatta al luogo in cui si sta sbirciando.

Dispositivi compatibili

Gli aggiornamenti gratuiti hanno un inconveniente: bisogna avere un dispositivo compatibile. La buona notizia è che anche se il vostro orologio ha un paio d'anni, dovrebbe essere ancora idoneo. Di seguito è riportato un elenco di dispositivi che funzionano con watchOS 10.

- Apple Watch Serie 4
- Apple Watch Serie 5
- Apple Watch SE
- Apple Watch Serie 6
- Apple Watch Serie 7
- Apple Watch Serie 8
- Apple Watch Serie 9
- Apple Watch Ultra
- Apple Watch Ultra 2

Tanti orologi

L'Apple Watch è disponibile in diverse serie. Tutti gli orologi, dall'Apple Watch originale alla Serie 9 e Ultra, sono compatibili con qualsiasi cinturino della generazione precedente (*alcuni* cinturini più recenti, tuttavia, sono compatibili solo con i modelli SE e Serie 6 e successivi). Quindi, se avete un Apple Watch originale, potete ancora utilizzare il costoso cinturino che avete acquistato. È inoltre possibile trovare cinturini di terze parti a prezzi molto più bassi su Amazon e altri rivenditori online.

La fascia Milanese Loop di Apple, ad esempio, costa 149 dollari; l'esempio qui sotto ha lo stesso aspetto ma costa meno di 20 dollari! La qualità non è la stessa, ma se volete solo qualcosa di bello, questa potrebbe essere una buona opzione. Tratterò le fasce in modo più dettagliato alla fine di questo libro.

Ogni versione dell'orologio è disponibile in due dimensioni: 38 mm e 42 mm per i modelli precedenti, e 40 mm e 44 mm per le Serie 4-6 (e SE). Ogni versione è disponibile anche in alluminio, acciaio inossidabile e titanio, il più costoso dei quali è il titanio.

Qual è la grande differenza?

Gli smartwatch sono come i telefoni: ci sono molte opzioni e sono disponibili in tutti i tipi di forme, dimensioni e marche. Guardandoli uno accanto all'altro, a volte è impossibile distinguerli. In questa sezione cercherò di dare un senso a questa follia e di aiutarvi a distinguerli, in modo che possiate sapere qual è l'orologio più adatto a voi e al vostro stile di vita.

Ecco una buona notizia: probabilmente non dovrete aggiornare un orologio con la stessa frequenza di un telefono; a differenza dei telefoni, che vengono aggiornati a volte ogni anno per ottenere le funzioni più recenti e più avanzate, con gli orologi sarete probabilmente soddisfatti di quello che avete per almeno due anni, forse anche tre o quattro.

APPLE WATCH SERIES 9 VS APPLE WATCH ULTRA 2

Il primo punto di partenza sono i due orologi principali: la normale Serie 9 e l'Ultra 2.

È abbastanza facile vendere questo orologio. Se siete atleti seri e praticate sport molto impegnativi (ad esempio immersioni profonde, scalate in montagna, ecc.), allora sarete soddisfatti dell'Ultra 2; se invece volete l'orologio per cose più semplici e allenamenti più facili, allora andrete bene con la normale Series 9. Il motivo è che l'Ultra 2 è essenzialmente un orologio più robusto, destinato a sopportare urti più pesanti e ad affrontare allenamenti intensivi. Il motivo è che l'Ultra 2 è essenzialmente un orologio più robusto, pensato per sopportare gli urti più forti e gestire allenamenti intensivi.

Ci sono ovvie differenze di dimensioni che sono più che altro preferenze (ad alcuni piace lo schermo più grande, ad altri no), ma per quanto riguarda l'interno? In cosa differiscono?

Partendo dall'estetica e dalla costruzione, la Serie 9 presenta una struttura in acciaio inossidabile, un vetro anteriore e un vetro posteriore in ceramica/zaffiro, con un peso compreso tra 42,3 e 51,5 grammi. Vanta una certificazione IP6X e una resistenza all'acqua di 50 metri, per garantire l'affidabilità in diverse condizioni.

Al contrario, l'Ultra 2 adotta una struttura più robusta e pregiata, utilizzando un telaio in titanio e vetro zaffiro davanti e dietro. Il peso aggiuntivo di 61,4 g è indicativo della sua struttura più robusta. L'orologio è certificato MIL-STD 810H, offre una resistenza all'acqua di 100 metri ed è adatto al nuoto e alle immersioni fino a 40 metri, dimostrando la sua superiore durata e versatilità in ambienti estremi.

L'Apple Watch Series 9 è dotato di un display OLED Retina LTPO, che offre un picco di luminosità di 2000 nits e una risoluzione di 484 x 396 pixel (densità di ~326 ppi). Questo garantisce immagini vivaci e nitide, completate dalla protezione del vetro in cristallo di zaffiro e dalla funzione di visualizzazione sempre attiva.

L'Ultra 2, tuttavia, fa un passo avanti raggiungendo la ragguardevole luminosità di picco di 3000 nits e una risoluzione più elevata di 502 x 410 pixel (densità di ~338 ppi). La migliore luminosità e risoluzione si traduce in una maggiore visibilità e chiarezza, soprattutto sotto la luce diretta del sole.

Entrambi gli orologi sono alimentati dal chipset S9 di Apple e funzionano con watchOS 10, garantendo prestazioni fluide e reattive in tutte le applicazioni. La CPU dual-core e la GPU PowerVR sono coerenti tra i due modelli, offrendo un'esperienza utente senza interruzioni e capacità di multitasking efficienti.

Per quanto riguarda le caratteristiche, entrambi i modelli sono dotati di una serie di sensori e funzionalità, tra cui accelerometro, giroscopio, cardiofrequenzimetro, barometro, altimetro sempre attivo, bussola, SpO2, VO2max e rilevamento della temperatura corporea con una precisione di 0,01°. Sono inoltre presenti comandi in linguaggio naturale, dettatura e supporto UWB (Ultra Wideband 2).

Tuttavia, l'Ultra 2 introduce ulteriori sensori, tra cui il rilevamento della temperatura dell'acqua e un profondimetro con precisione di ±1m, che lo rendono una scelta superiore per i subacquei e i nuotatori. L'estensione della portata dell'altimetro sempre attivo (da -500m a 9000m) lo distingue ulteriormente come compagno versatile per gli avventurieri e gli amanti del fitness.

Entrambi gli orologi dispongono di altoparlanti, ma l'Ultra 2 è dotato di doppi altoparlanti con un'uscita di 86 decibel, per un'esperienza audio più ricca e più forte. Le opzioni di connettività, tra cui Wi-Fi, Bluetooth, NFC e sistemi di posizionamento multipli, sono coerenti tra i due modelli, per garantire una localizzazione accurata e un accoppiamento perfetto con altri dispositivi.

L'Ultra 2 ha un netto vantaggio in termini di capacità della batteria, che ospita una batteria non rimovibile agli ioni di litio da 542 mAh rispetto ai 308 mAh della Serie 9. L'Ultra può raggiungere le 36 ore di autonomia, mentre la Serie 9 ne raggiunge circa 18.

APPLE WATCH ULTRA 2 VS. APPLE WATCH ULTRA

Si può quindi affermare che l'Ultra 2 è il telefono più robusto; ma vale la pena aggiornarlo se si possiede il modello dell'anno scorso? Scopriamolo.

A prima vista, sia l'Apple Watch Ultra che l'Ultra 2 hanno un'estetica molto simile, con dimensioni identiche (49 x 44 x 14,4 mm) e pesi quasi identici (rispettivamente 61,3 g e 61,4 g). Entrambi i modelli sono caratterizzati da una struttura di qualità superiore, con frontali in vetro zaffiro, fondelli in ceramica/ vetro zaffiro e cornici in titanio resistente.

Le specifiche del display rimangono costanti in termini di dimensioni e risoluzione, con entrambi i modelli dotati di uno schermo Retina LTPO OLED da 1,92 pollici e una risoluzione di 502 x 410 pixel (densità di ~338 ppi). Tuttavia, l'Ultra 2 fa un salto di qualità in termini di luminosità, offrendo un picco di 3000 nits rispetto ai 2000 nits dell'Ultra originale. Pertanto, l'Ultra 2 si comporterà molto meglio sotto la luce del sole.

Sotto il cofano, l'Ultra 2 è dotato del chipset Apple S9, un passo avanti rispetto al chipset S8 dell'Ultra originale. Entrambi i modelli ospitano una CPU dual-core e una GPU PowerVR. L'Ultra 2 viene fornito con watchOS 10, mentre l'Ultra originale, lanciato con watchOS 9.0, può essere aggiornato a watchOS 10. Il chipset avanzato dell'Ultra 2 significa che lavorerà più intensamente e più velocemente, ma sicuramente sarete ancora soddisfatti delle prestazioni del primo Ultra.

Uno dei miglioramenti più significativi dell'Ultra 2 è il raddoppio della capacità di memoria interna. Il nuovo modello offre ben 64 GB, rispetto ai 32 GB dell'Ultra originale.

Entrambi i modelli sono ben equipaggiati con funzioni di connettività, tra cui Wi-Fi, Bluetooth 5.3, NFC e supporto per più sistemi di posizionamento. Tuttavia, l'Ultra 2 introduce il supporto Ultra Wideband 2 (UWB), un miglioramento rispetto all'UWB standard del modello originale. Questo progresso promette una consapevolezza spaziale più accurata e una migliore comunicazione peer-to-peer tra i dispositivi.

In termini di durata della batteria, entrambi i modelli ospitano una batteria non rimovibile agli ioni di litio da 542 mAh, che supporta la ricarica wireless. L'Ultra 2, tuttavia, promette un'autonomia di 12 ore in più.

Vale quindi la pena di effettuare l'aggiornamento? Se volete l'ultima novità, assolutamente sì! Ma in realtà, se avete il primo Ultra, sarete soddisfatti del vostro modello attuale.

APPLE WATCH SERIES 9 VS APPLE WATCH SERIES 8

Abbiamo appena visto la differenza tra gli orologi più potenti; e quelli normali? Se avete la Serie 8, dovreste passare alla Serie 9? Diamo un'occhiata!

La continuità del design è un tema degno di nota, in quanto la Serie 9 e la Serie 8 mantengono identiche dimensioni (45 x 38 x 10,7 mm) e peso (42,3 g per la 41 mm e 51,5 g per la 45 mm).

Entrambi i modelli montano un display Retina LTPO OLED da 1,9 pollici con una risoluzione di 484 x 396 pixel (densità di ~326 ppi). Tuttavia, la Serie 9 aumenta significativamente i livelli di luminosità, offrendo un picco di 2000 nits rispetto ai 1000 nits della Serie 8. Ciò significa che la Serie 9 sarà molto più facile da leggere sotto la luce del sole.

L'Apple Watch Series 9 è dotato del nuovo chipset Apple S9, mentre il Series 8 è equipaggiato con il chipset S8. Cosa significa? La Series 9 farà le cose un po' più velocemente.

Un notevole miglioramento si trova nel reparto di archiviazione: la Serie 9 vanta infatti 64 GB di memoria interna, un aumento significativo rispetto ai 32 GB della Serie 8. Questo miglioramento consente agli utenti di memorizzare più applicazioni, musica e dati direttamente sul dispositivo, il che è particolarmente vantaggioso per chi conduce uno stile di vita attivo e mobile.

Entrambi i modelli eccellono nelle opzioni di connettività, con Wi-Fi, Bluetooth 5.3, NFC e supporto per più sistemi di posizionamento. La Serie 9 introduce il supporto per la banda ultralarga 2 (UWB), un passo avanti rispetto alla UWB standard della Serie 8, che promette di migliorare la consapevolezza spaziale e la comunicazione con il dispositivo.

Entrambi gli orologi continuano a porre l'accento sulla salute e sul fitness con una suite completa di sensori per il monitoraggio di varie metriche, tra cui frequenza cardiaca, SpO2, VO2max e temperatura corporea. La certificazione ECG e il rilevamento della temperatura con una precisione di 0,01° sottolineano ulteriormente l'attenzione al monitoraggio della salute.

L'Apple Watch Series 9, pur rispecchiando la Series 8 nel design e nelle dimensioni, presenta diversi miglioramenti, tra cui un display più luminoso, un chipset avanzato e una capacità di memoria raddoppiata. L'introduzione del supporto per la banda ultralarga 2 (UWB) distingue ulteriormente la Serie 9. Sebbene entrambi i modelli rimangano una scelta interessante per gli appassionati di tecnologia, chi è alla ricerca dell'esperienza più luminosa e ottimizzata potrebbe trovare la Serie 9 un valido upgrade. Ma se avete la Serie 8, probabilmente sarete soddisfatti di quello che avete.

DALL'APPLE WATCH SERIES 9 ALL'APPLE WATCH SE (2022)

C'è un ultimo orologio da confrontare: il SE. L'SE è un modello più economico che Apple aggiorna di solito ogni due anni. Tuttavia, più economico non vuol dire cattivo. Vediamo cosa significa esattamente in questa sezione.

A prima vista, entrambi gli orologi mostrano l'etica del design tipica di Apple, ma con sottili differenze. Il Series 9 ha dimensioni di 45 x 38 x 10,7 mm, leggermente superiori a quelle del SE (44 x 38 x 10,7 mm). La Serie 9 è più pesante, ma compensa con una struttura di qualità superiore che comprende una cornice in acciaio inossidabile e un fondello in ceramica/ cristallo di zaffiro, rispetto alla più leggera cornice in alluminio e al fondello in plastica/ cristallo di zaffiro del SE.

L'Apple Watch Series 9 vanta un display Retina LTPO OLED da 1,9 pollici, con un picco di luminosità di 2.000 nit, che garantisce immagini vivide e chiare anche sotto la luce diretta del sole. In confronto, il modello SE ha un display leggermente più piccolo da 1,78 pollici con un picco di luminosità di 1000 nits. Inoltre, la Serie 9 è dotata di una protezione in vetro zaffiro, mentre il SE è dotato di un vetro rinforzato Ion-X. Cosa significa? La Serie 9 è un po' più robusta e resistente ai graffi, e sarà più facile da vedere in condizioni di luce solare intensa.

Per quanto riguarda lo spazio di archiviazione, la Serie 9 raddoppia la capacità con 64 GB rispetto ai 32 GB dell'SE, consentendo un maggior numero di applicazioni e dati.

Entrambi gli orologi eccellono nella connettività, con Wi-Fi, Bluetooth 5.3, NFC e supporto per vari sistemi di posizionamento. Tuttavia, la Serie 9 introduce il supporto per la banda ultralarga 2 (UWB), migliorando la consapevolezza spaziale e la comunicazione tra dispositivi.

In termini di monitoraggio della salute e del fitness, la Serie 9 offre una suite più completa di sensori, tra cui la certificazione ECG, la SpO2, il VO2-max e il rilevamento avanzato della temperatura, rendendolo un compagno più versatile per gli amanti della salute.

L'Apple Watch Series 9 e l'Apple Watch SE (2022) mostrano entrambi l'impegno di Apple nel coniugare stile e funzionalità. Mentre l'SE si rivolge agli utenti in cerca di funzioni essenziali con un approccio economico, la Series 9 emerge come scelta premium, offrendo un display più luminoso e più grande, una qualità costruttiva superiore, prestazioni migliorate e funzioni avanzate di monitoraggio della salute. Se si acquista l'orologio soprattutto per la salute, probabilmente si sarà contenti di aver pagato un extra per l'orologio normale; se si ha un budget limitato e si è interessati soprattutto alla forma fisica, l'SE farà quello che serve. L'SE viene spesso promosso anche per le famiglie: un orologio che i bambini possono indossare per rimanere in contatto con voi, senza bisogno del loro telefono.

Apple Watch e gli altri marchi

Abbiamo visto come si comporta Apple contro Apple. Che dire degli altri marchi? In particolare Google e Samsung. Ne parleremo in questa sezione, ma prima lasciatemi dire questo: se avete un iPhone, avete bisogno di un Apple Watch; se avete un telefono Android, avete bisogno di un orologio Android (cioè Google e Samsung). Questo perché l'orologio comunica con il telefono e non esiste un modo semplice per utilizzare un Apple Watch su un telefono Android e viceversa.

APPLE WATCH SERIES 9 VS. GOOGLE PIXEL WATCH

Apple Watch Series 9 vanta un design elegante con dimensioni di 45 x 38 x 10,7 mm ed è disponibile in due varianti di peso, 42,3 g e 51,5 g, rispettivamente per le versioni da 41 e 45 mm. L'orologio presenta una struttura in acciaio inossidabile, un vetro anteriore e un vetro posteriore in ceramica/zaffiro, assicurando una certificazione IP6X e una resistenza all'acqua fino a 50 metri.

Il Google Pixel Watch presenta invece un design più simmetrico, con dimensioni di 41 x 41 x 12,3 mm e un peso inferiore di 36 g. La sua struttura comprende un telaio in acciaio inossidabile e un vetro Gorilla Glass 5, che promette durata e resistenza all'acqua di 50 m secondo la certificazione IP68.

Apple è all'avanguardia nella tecnologia dei display con uno schermo Retina LTPO OLED, che offre un'impressionante luminosità di picco di 2000 nits su un display da 1,9 pollici. La risoluzione è di 484 x 396 pixel (densità di ~326 ppi) ed è protetto da un vetro di cristallo di zaffiro che ne migliora la chiarezza e la durata.

Il Pixel Watch è dotato di uno schermo AMOLED più piccolo da 1,2 pollici con un picco di luminosità di 1000 nits e una risoluzione di 450 x 450 pixel (densità di ~320 ppi). La protezione Corning Gorilla Glass 5 garantisce la resistenza del display a graffi e danni.

L'Apple Watch Series 9 offre una generosa memoria interna di 64 GB, raddoppiando la capacità del Google Pixel Watch, che dispone di 32 GB. Questo significa più spazio per app, musica e altri dati sull'Apple Watch, migliorando la sua utilità per gli utenti che hanno bisogno di più spazio di archiviazione in movimento.

Entrambi gli orologi sono dotati di una serie di sensori, tra cui accelerometro, giroscopio, cardiofrequenzimetro, altimetro, bussola e SpO2, per soddisfare gli appassionati di salute e fitness. Tuttavia, l'Apple Watch Series 9 fa un ulteriore passo avanti con funzioni come la certificazione ECG, il VO2max, il rilevamento della temperatura corporea con una precisione di 0,01° e un altimetro sempre attivo, offrendo un'esperienza di monitoraggio della salute più completa.

Sia l'Apple Watch Series 9 che il Google Pixel Watch offrono funzioni robuste e design eleganti, che li rendono una scelta interessante per gli appassionati di tecnologia. L'Apple Watch eccelle per qualità del display, capacità di archiviazione, funzioni sanitarie e connettività, e rappresenta un pacchetto completo per coloro che investono nell'ecosistema Apple.

Apple Watch Series 9 vs. Samsung Galaxy Watch 6

L'Apple Watch Series 9 presenta un design elegante e sofisticato con dimensioni di 45 x 38 x 10,7 mm. Presenta una struttura in acciaio inossidabile, un vetro anteriore e un vetro posteriore in ceramica/zaffiro, con un peso di 42,3 g (41 mm) e 51,5 g (45 mm). L'orologio è certificato IP6X e offre resistenza all'acqua fino a 50 m e certificazione ECG.

Il Samsung Galaxy Watch 6 presenta un'estetica leggermente diversa, con dimensioni di 42,8 x 44,4 x 9 mm e un telaio in alluminio. È più leggero della controparte Apple, con un peso di 33,3 g (44 mm) e 28,7 g (40 mm), ed è dotato di conformità MIL-STD-810H*, resistenza all'acqua IP68, certificazione ECG e monitor della pressione sanguigna.

Apple si presenta con un display Retina LTPO OLED da 1,9 pollici, che vanta una luminosità di picco di 2000 nits e una risoluzione di 484 x 396 pixel (densità di ~326 ppi). La protezione in vetro zaffiro e la funzione di display sempre acceso contribuiscono a un'esperienza visiva di alto livello.

In confronto, Samsung offre un display Super AMOLED da 1,5 pollici con una risoluzione di 480 x 480 pixel (densità di ~453 ppi). Pur essendo più piccolo, il display è nitido e vibrante ed è protetto da un vetro zaffiro che ne garantisce la durata e la chiarezza.

Lo spazio di archiviazione è un elemento di differenziazione significativo tra i due modelli. L'Apple Watch Series 9 offre ben 64 GB di memoria interna, il quadruplo dei 16 GB del Galaxy Watch 6. Questa differenza si traduce in un maggiore spazio per app, musica e altri dati, a favore degli utenti che necessitano di ampie capacità di archiviazione. Questa differenza si traduce in più spazio per app, musica e altri dati, favorendo gli utenti che necessitano di ampie capacità di archiviazione.

Entrambi gli orologi sono ricchi di funzioni orientate alla salute e al fitness, tra cui accelerometro, giroscopio, cardiofrequenzimetro, barometro e bussola. L'Apple Watch offre inoltre SpO2, VO2-max, rilevamento della temperatura corporea con una precisione di 0,01° e un altimetro sempre attivo.

Samsung aggiunge un tocco unico con un monitor della pressione sanguigna e un termometro per la temperatura della pelle, offrendo un'esperienza di monitoraggio della salute più diversificata. Entrambi gli orologi supportano anche i comandi in linguaggio naturale e la dettatura, migliorando l'interazione con l'utente.

L'Apple Watch Series 9 e il Samsung Galaxy Watch 6, entrambi ricchi di funzioni e tecnologie all'avanguardia, sono i principali contendenti nel mercato degli smartwatch. Apple eccelle per la tecnologia del display, l'ampio spazio di archiviazione e le funzioni sanitarie complete, che si allineano agli utenti profondamente radicati nell'ecosistema Apple.

[3]

CAPIRE COSA PUÒ (E NON PUÒ) FARE L'APPLE WATCH

Questo capitolo tratta di:
- Cosa non fa l'Apple Watch
- Cosa farà l'Apple Watch senza un iPhone nelle vicinanze
- Cosa fa l'Apple Watch in Wi-Fi senza un iPhone nelle vicinanze
- Questo e quello

Quando si pensa all'orologio, si possono nutrire determinate aspettative: forse guardare Netflix dal polso o FaceTime con gli amici. Quindi, prima di passare al funzionamento dell'orologio, vorrei illustrare rapidamente le principali cose che l'orologio non può fare (e che alcuni pensano possa fare) e quelle che può fare.

COSE CHE L'APPLE WATCH NON FA...

- Riproduce video; è in grado di riprodurre clip molto piccole, ma non pensate di guardare *Il Signore degli Anelli al* polso.
- L'Apple Watch può digitare messaggi con la tastiera integrata a tutto schermo. Tutti gli altri orologi? Dovrete scrivere a macchina e dettare i messaggi (per saperne di più).
- Giocare; anche se esistono giochi per Apple Watch, l'orologio è un compagno del telefono ed è pensato per visualizzare brevi messaggi... non per giocare. Quindi sì, è possibile giocare, ma non è questo che si vuole ottenere per soddisfare le proprie esigenze di gioco.
- Sincronizzazione con telefoni non Apple; l'Apple Watch non funziona con altri telefoni oltre all'i-Phone. Family Setup ha aggiunto un grosso *"ma"*. Con Family Setup è possibile utilizzare il proprio iPhone per configurare altri orologi, il che significa che in teoria è possibile utilizzarlo senza iPhone; questo è ottimo per i bambini e per alcuni adulti. Ma se siete davvero appas-

sionati di fitness, probabilmente vorrete la possibilità di sincronizzarlo con il vostro telefono, e se non siete utenti iPhone, questo non sarà possibile.

- Funziona con i telefoni più vecchi; l'Apple Watch è per iPhone 5 e successivi.
- Funziona con cuffie tradizionali; l'Apple Watch non dispone di un ingresso audio. Funziona con le cuffie Bluetooth, ma ma non sono incluse nell'orologio.
- Scattare una foto; è possibile visualizzare le foto sull'orologio - si può persino usarlo come mirino esterno per scattare una foto con l'iPhone - ma l'orologio non ha una fotocamera integrata.

APPLE WATCH SENZA IPHONE NELLE VICINANZE

Per essere chiari, per utilizzare l'Apple Watch è necessario possedere un iPhone (a meno che non si utilizzi l'Impostazione famiglia). L'orologio non è compatibile con Android o altri smartphone. Ma non è necessario portare l'iPhone ovunque per usare l'orologio. E se avete il cellulare sull'orologio, potete fare molto di più senza avere il telefono nelle vicinanze. Ecco alcune delle cose che si possono fare se non si ha il telefono nelle vicinanze:

- Impostare l'ora.
- Riproduzione di musica (l'orologio può contenere fino a 2 GB di canzoni... in altre parole, circa 500 canzoni).

- Tracciamento della corsa o dell'esercizio fisico: registra calorie bruciate, frequenza cardiaca e distanza/andatura, per poi sincronizzarli con il telefono quando lo si ha di nuovo vicino.
- Tracciare il tempo di permanenza in piedi e i passi.
- Vedere le foto - 75 MB sono riservati alle foto.
- Leggere, eliminare e contrassegnare le e-mail ricevute.
- Utilizzare la sveglia, il cronometro e il timer.
- Usate Passbook per mostrare i biglietti (come quelli dell'aereo o di un concerto).
- Utilizzare Apple Pay per fare acquisti.

WI-FI SENZA IPHONE

Ed ecco cosa si può fare se non si ha il telefono, ma si dispone di Wi-Fi:
- Inviare e ricevere messaggi di testo e utilizzare i messaggi digitali tattili (ad esempio, disegnando e toccando i modelli da inviare come messaggio).
- Utilizzare Siri.

QUESTO E QUELLO

Alcune altre cose da sapere sull'orologio...
- Sono necessarie circa due ore per ricaricare completamente l'Apple Watch.

- L'orologio consuma la batteria dell'iPhone... più o meno; poiché l'orologio parla con il telefono, la batteria del telefono viene utilizzata. Non si tratta di una quantità significativa, ma è sufficiente per notare che alla fine della giornata non ci sono più 30 minuti o un'ora di utilizzo che prima c'erano.

- Il dispositivo è dotato di una funzione chiamata "Taptic Engine", dal suono elegante, vero? Ma di cosa si tratta? Il Taptic Engine consente di ricevere sul polso un feedback che dà la sensazione di essere toccati da qualcuno.

- Si può usare come telefono... più o meno. Sì, sembra molto simile a Dick Tracy ricevere telefonate al polso, ma non entusiasmatevi troppo: è un po' scomodo da usare; per ottenere il massimo, è necessario avvicinarlo alla bocca. E l'audio che esce dagli altoparlanti è a dir poco scadente.

- Indica l'ora! Ebbene sì, probabilmente lo sapevate. Ma indica anche l'ora con estrema precisione (entro 50 millisecondi), il che lo rende uno degli orologi più precisi mai realizzati.

[4]

COME SI IMPOSTA QUESTA COSA?

Questo capitolo tratta di:
- Impostare l'Apple Watch per la prima volta
- Ripristino da un Apple Watch di generazione precedente

Questo capitolo è dedicato all'estrazione dalla scatola e alla prima configurazione. Potreste essere perfettamente a vostro agio nel farlo senza leggere come. In tal caso, passate al capitolo successivo: qui non vi perderete nulla.

Il processo è piuttosto semplice, ma se volete una spiegazione di ciò che fa effettivamente in ogni fase, ad esempio perché chiede la privacy, continuate a leggere.

Non mi piace molto l'unboxing. Si sa cosa c'è nella scatola guardando la scatola stessa. Ma con l'ultimo Apple Watch, c'è qualcosa di molto importante che vale la pena sottolineare a proposito della scatola. Non si tratta di quello che c'è dentro... ma di quello che *non c'*è dentro. Un adattatore di ricarica! Il cavo di ricarica è invece incluso.

Nel tentativo di essere più rispettosa dell'ambiente, Apple ha rinunciato a confezionare adattatori per il caricabatterie con il dispositivo.

Se dovete acquistarne uno, l'adattatore ufficiale costa 19 dollari. È possibile acquistare quelli non ufficiali a un prezzo inferiore, ma poiché non sono approvati da Apple, utilizzateli a vostro rischio e pericolo.

Se si tratta di un aggiornamento dell'orologio, è possibile farlo sull'orologio stesso (non è più necessario farlo sull'iPhone, come avveniva con gli orologi precedenti); basta andare nell'app Impostazioni > Generali > Aggiornamento software..

NOTA PER GLI UTENTI CHE EFFETTUANO L'AGGIORNAMENTO: Se state aggiornando l'iPhone e l'orologio da un sistema operativo precedente, è possibile che dobbiate riformattare l'orologio per sincronizzarlo. In tal caso, dall'orologio è necessario andare su Impostazioni > Generali > Ripristino; quindi toccare Cancella tutto il contenuto e le impostazioni.

IMPOSTAZIONE DELLE COSE

Una volta estratto l'orologio dalla scatola, premere il pulsante laterale per accenderlo. Si ottiene la seguente schermata:

Poiché l'Apple Watch non dispone di tastiere (ad eccezione della Serie 7 e successive, ma non nella configurazione), la configurazione è un po' insolita rispetto ad altri prodotti Apple. La configurazione dell'orologio non inizia con l'orologio, ma con l'iPhone.

Se non avete un iPhone con iOS 12 o superiore, la prima cosa da fare è aggiornare il vostro telefono (l'ideale sarebbe avere iOS 14 sul vostro iPhone). È inoltre necessario avere almeno un iPhone 5: qualsiasi altro modello non sarà compatibile. Per sapere se il vostro telefono deve essere aggiornato, andate su Impostazioni dell'iPhone, poi su Generali e infine su Aggiornamento software.-Questo vi dirà se il vostro telefono è aggiornato.

Se siete aggiornati su tutto, andate all'app Watch e toccate Avvia accoppiamento.. Si ottiene così la schermata di configurazione sottostante.

Posizionare l'orologio (assicurandosi che sia acceso) all'interno del riquadro quadrato. Si noterà che l'orologio ha ora un'immagine in movimento sullo schermo. Dopo pochi secondi, l'orologio sarà accoppiato.

Da qui è possibile ripristinare da un backup o impostare un nuovo orologio. Se non avete mai posseduto un Apple Watch (o volete iniziare da zero), selezionate la seconda scelta. Se avete posseduto generazioni precedenti, selezionate la prima (in questo modo tutte le preferenze del vostro vecchio orologio verranno trasferite sul nuovo orologio). Supponendo che si stia configurando un nuovo orologio, la schermata successiva chiederà se si indossa l'orologio sul polso destro o sinistro. In base alla risposta, l'orientamento dell'orologio cambierà (è possibile modificarlo in seguito).

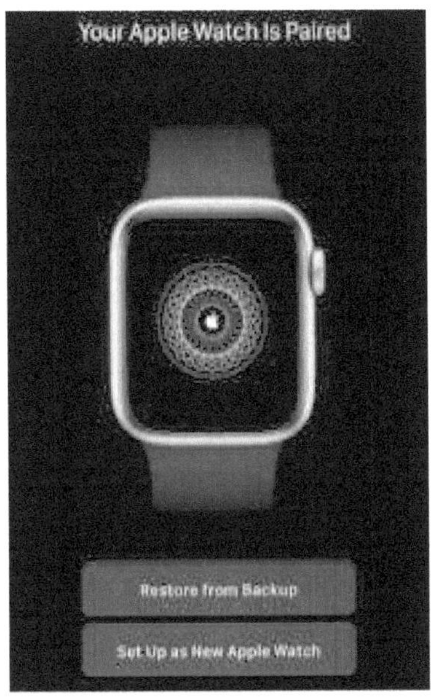

Poi dovrete accettare i termini. Sentitevi liberi di leggerli a fondo, poi dateli al vostro avvocato e chiedetegli cosa ne pensa... oppure cliccate su Accetta come tutti gli altri. Una volta accettati i termini, si riceverà un messaggio che informa che alcune app utilizzeranno elementi come la posizione dell'utente. Sembra spaventoso, ma in pratica significa che se si vuole utilizzare una mappa per ottenere indicazioni stradali, questa deve prima sapere dove ci si trova. L'unica opzione è premere OK.

Dopo aver accettato di condividere la propria posizione con le app, è necessario aggiungere un codice di accesso. Il funzionamento è simile a quello del telefono (prima che il telefono avesse lo sblocco tramite impronta digitale o Face ID). Non è necessario aggiungere un codice di accesso. L'aggiunta di un codice di accesso protegge l'orologio dal rischio che qualcuno lo rubi e poi lo utilizzi.

Apple vi sta spezzando il cuore con questa configurazione? La prossima schermata vi aiuterà a scoprirlo! Vi spiega tutto sulla nuova funzione di monitoraggio cardiaco. Leggete e poi premete Continua.

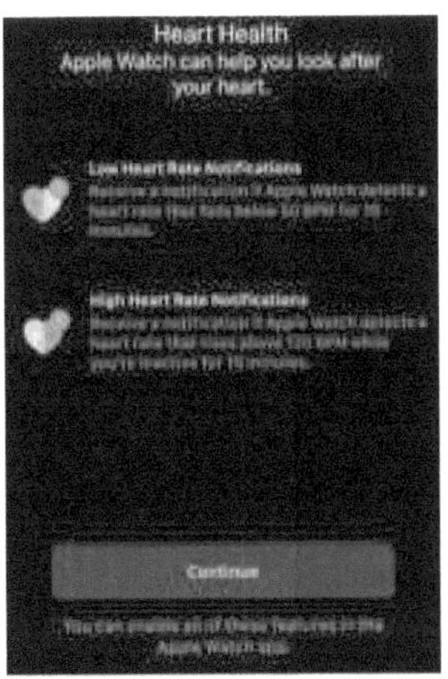

Il prossimo è SOS. Questa funzione invia un messaggio ai vostri contatti per avvisarli se siete in difficoltà. È una sorta di versione Apple di "Sono caduto e non riesco ad alzarmi". Leggete e premete Continua per procedere.

Forse non lo sapevate, ma molte delle vostre applicazioni preferite sono già dotate di app per Watch. Potete aggiungere tutte quelle che già possedete o sceglierle in un secondo momento. Personalmente, farei attenzione a selezionarle tutte. È l'opzione più semplice, ma probabilmente molte delle app preferite del telefono saranno inutili sul polso.

Avete quasi finito. Il telefono e l'orologio si stanno sincronizzando con tutte le impostazioni appena selezionate. Se avete deciso di installare tutte le app, ci vorranno alcuni minuti per completare l'operazione. Durante il processo, probabilmente riceverete anche un messaggio sul fatto che il telefono e l'orologio ora condividono i messaggi di testo: ciò significa che se qualcuno vi manda un messaggio, lo riceverete anche sul vostro polso.

A questo punto, sia sul telefono che sull'orologio apparirà un messaggio che indica che l'operazione è stata completata. Ora è possibile utilizzare l'orologio!

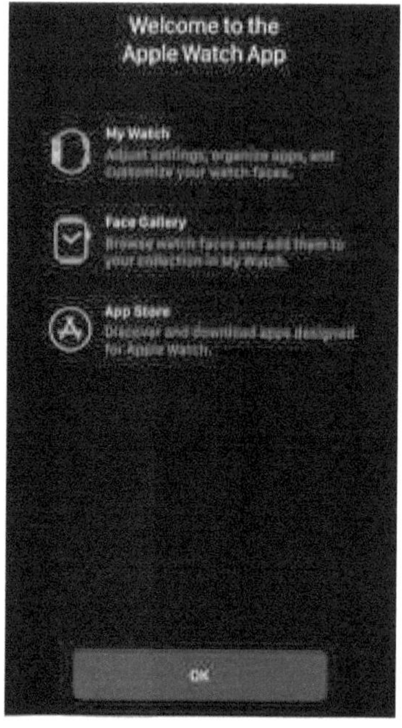

[5]
BASTA CON LA CONFIGURAZIONE! MOSTRATEMI COME SI USA!

Questo capitolo tratta di:
- Regolazione delle impostazioni
- Cosa rappresentano le icone di stato
- Che fine ha fatto il Force Touch?
- Gesti e scorciatoie
- Disporre le icone
- Handoff tra Apple Watch e iPhone

L'installazione è abbastanza semplice, giusto? Quello che state aspettando è di sapere come usare questo apparecchio! Quindi iniziamo!

PULSANTE DI AZIONE

Prima di addentrarmi in tutte le brillanti caratteristiche, devo menzionare una cosa: il pulsante di azione.

Se avete visto un video dell'Ultra o magari l'avete visto di persona, avrete notato che ha un pulsante in più. Si chiama "Action Button". È un'esclusiva dell'Apple Watch Ultra.

Che cos'è? Cosa volete che sia! Perché è piuttosto personalizzabile. L'obiettivo del pulsante è quello di fungere da scorciatoia per raggiungere rapidamente un luogo. Poiché l'orologio si rivolge a persone che praticano sport più estremi, è un modo per assicurarsi che possano raggiungere la funzione di cui hanno più bisogno senza doverci pensare.

ACCENSIONE, RISVEGLIO E SBLOCCO

Per accendere l'orologio, tenere premuto il pulsante laterale finché non appare il logo Apple; per spegnerlo, tenere premuto il pulsante laterale finché non appare un cursore che indica di trascinarlo verso destra per spegnerlo.

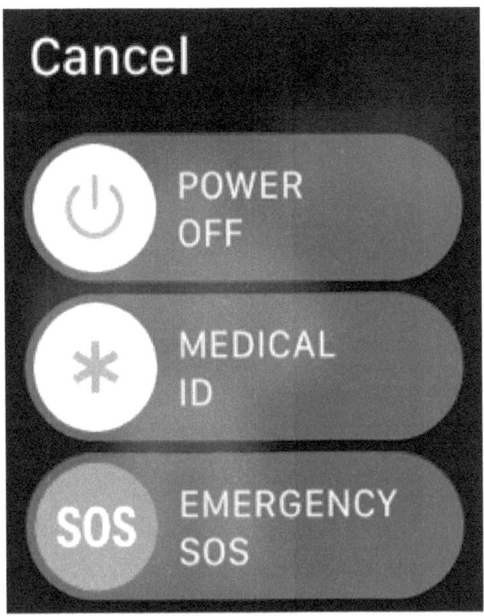

Togliere l'orologio dallo standby è la cosa più semplice da fare: basta sollevare il polso! Che ve ne pare di questa semplicità? Riaccendere lo standby è altrettanto semplice: basta abbassare il polso.

Se si solleva il polso e lo standby non si spegne, è possibile che sia stata modificata un'impostazione. Aprite il pulsante Impostazioni nella schermata iniziale dell'orologio (è uguale a quello del telefono, tranne che per il fatto che è rotondo), quindi andate su Generali e Orientamento.-Assicuratevi che l'orientamento sia impostato sul polso che indossate: se ad esempio lo indossate sulla mano destra e l'orientamento è impostato sulla mano sinistra, cambiatelo. Un'altra cosa che potrebbe essere successa è che la batteria si è scaricata.

Quando si solleva il polso, l'orologio mostra il quadrante dell'orologio (cioè l'ora) o l'ultima applicazione aperta. Per impostazione predefinita, mostra il quadrante dell'orologio, ma se si desidera che vada all'ultima attività, andare su Impostazioni, poi su Generali e infine su Schermo sveglia: una volta toccato, selezionare Riprendi attività precedente..

È inoltre possibile sbloccare l'orologio con il telefono utilizzando un codice di accesso. Si tratta di un'ottima funzione se si toglie spesso l'orologio. Non significa che è necessario inserire un codice di accesso ogni volta che si guarda l'ora, ma solo quando l'orologio è tolto dal polso o è indossato in maniera troppo lenta. Il codice di accesso può essere lo stesso del telefono, ma è consigliabile che sia diverso. Per attivare il codice di accesso, andare su Impostazioni dalla schermata iniziale dell'orologio, quindi scorrere verso il basso fino a visualizzare il codice di accesso e toccarlo. Toccare Attiva sblocco con iPhone. Se si desidera cambiarlo, basta seguire la stessa procedura, ma selezionare Cambia codice.

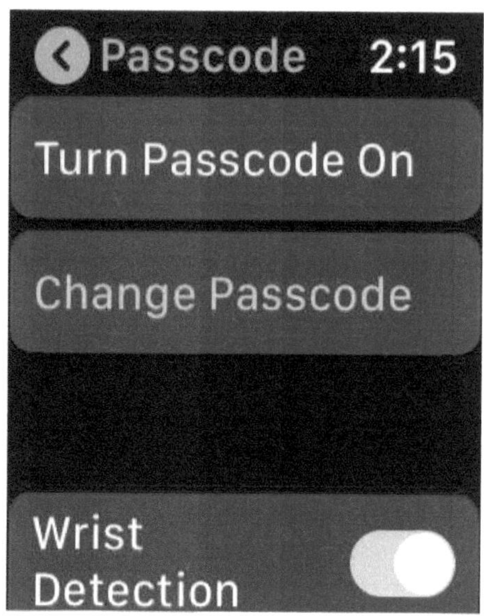

Se si dimentica il codice di accesso, è necessario scollegare l'orologio dall'iPhone e cancellare tutte le impostazioni.

REGOLAZIONE DELLE DIMENSIONI DEL TESTO, LUMINOSITÀ, SUONIE APTICA

Spero che vi piacciano le ambientazioni, perché è lì che resteremo per questa sezione!

L'Apple Watch è probabilmente più piccolo di quello a cui si è abituati quando si leggono messaggi, e-mail, notizie e così via; se è troppo piccolo, si può ingrandire il testo andando su Luminosità e Dimensione testotoccare Dimensione testo e usare la manopola della corona digitale per aumentarla o diminuirla. per aumentarla o diminuirla. È inoltre possibile selezionare o deselezionare il grassetto del testo. (Nota: prima che il grassetto sia attivo, l'orologio deve essere reimpostato).

Da questo stesso menu è possibile regolare la luminosità dell'orologio.

Se non vi piacciono i suoni predefiniti dell'orologio, andate su Suoni e aptica dal menu Impostazioni. Utilizzare la manopola della corona digitale per regolare il volume. È anche possibile disattivare i suoni passando alla modalità Silenzioso. (Nota: il silenziamento non disattiva il suono degli allarmi).

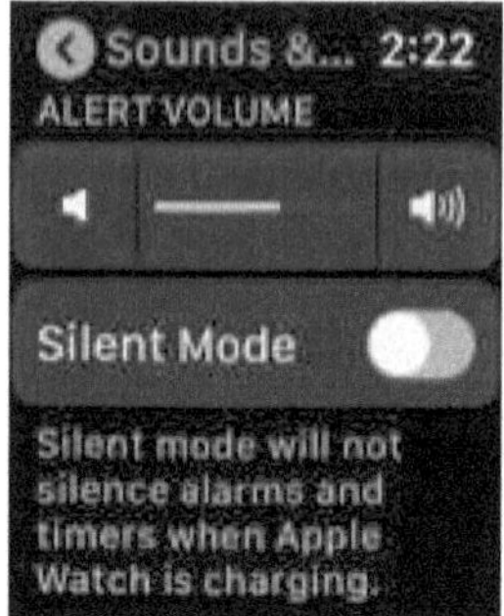

Per alcune notifiche, si riceve un tocco sul polso, che si può amare o odiare. Se non vi piace, tornate al menu precedente. Quindi, andate alla sezione Haptic e potrete attivarla o disattivarla e anche renderla più evidente.

CARICARE L'APPLE WATCH

Caricare è molto semplice; all'inizio potrebbe risultare un po' strano, perché il caricatore è magnetico e non si inserisce nell'orologio, ma scatta sul retro. Assicuratevi di utilizzare il caricabatterie fornito con il dispositivo: l'utilizzo di un altro potrebbe sovraccaricare il dispositivo, scaricando rapidamente la batteria.

Sono necessarie circa due ore per ricaricare completamente l'orologio.

Per sapere quanto tempo è necessario per una carica completa, scorrere il dito verso l'alto dal quadrante dell'orologio, per visualizzare la voce Sguardie quindi passare il dito sulla schermata Batteria sguardo.

Quando l'orologio ha meno del 10% di energia residua, entra automaticamente in modalità Riserva di energia. in questa modalità l'orologio mostra l'ora, ma le altre applicazioni non sono disponibili. È anche possibile attivare manualmente la riserva di energia premendo il pulsante laterale per tre secondi fino a visualizzare il menu Alimentazione, quindi scorrendo su Riserva di energia.

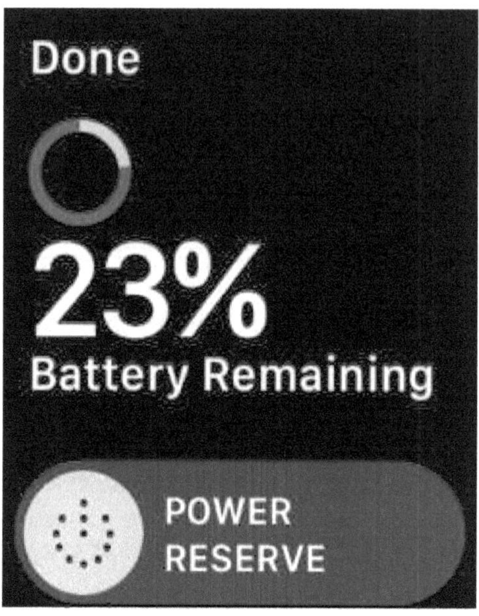

È possibile vedere in qualsiasi momento quanto tempo è rimasto nella riserva della batteria scorrendo verso l'alto dal quadrante dell'orologio per visualizzare Sguardiquindi scorrere fino a Riserva di carica. È anche possibile utilizzare l'app Apple Watch sull'iPhone per vedere l'ultima volta che è stato caricato.

NOTA: Ogni volta che in questo libro parlo di Glance in questo libro, significa solo che si può scorrere il dito verso l'alto dai dispositivi: sono molte le Glance che tratterò.

BATTERIA SALUTE

La durata della batteria La durata della batteria è importante per qualsiasi gadget, ma questo è particolarmente vero per l'Apple Watch; lo si vuole usare per tenere traccia degli obiettivi di fitness e persino del sonno, e per alcune persone si vuole lasciarlo sempre acceso. Ma prima o poi bisogna ricaricarlo. Le opzioni per lo stato di salute della batteria consentono di ottenere il massimo dalla batteria.

Quando si parla di salute della batteria, ci sono due grandi problemi: uno è quello di assicurarsi di poterla utilizzare il più a lungo possibile prima di ricaricarla e due sono quelli di assicurarsi che non si stia sovraccaricando.

Ad esempio, se si lascia l'orologio in carica tutta la notte, a un certo punto della notte sarà completamente carico, ma continuerà a caricarsi. Questo comporta l'usura della batteria interna. È possibile attivare la funzione Ottimizzazione della batteria Ottimizzazione della batteria per conoscere le vostre abitudini di ricarica. Se si accorge che il dispositivo viene caricato per lo più durante la notte, lo carica all'80% e poi carica il restante 20% un'ora prima che ci si alzi. In questo modo la batteria si manterrà sana più a lungo.

Per iniziare, accedere all'applicazione Impostazioni, quindi toccare Batteria.. Verrà visualizzata una panoramica della batteria. Nel mio caso, la batteria è al 61%.

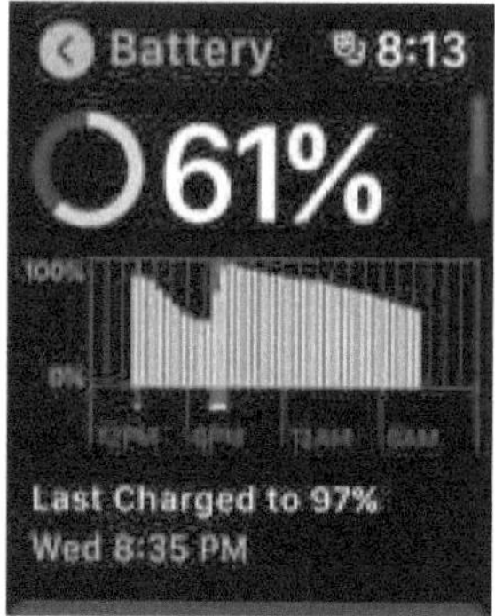

Se scorro verso il basso (o giro la corona digitale), c'è un'opzione per attivare manualmente la modalità Riserva di carica. e, al di sopra di questa, un pulsante per lo stato di salute della batteria. Salute della batteria.

Quando si tocca la voce Batteria Salute della batteria si vedrà la durata attuale della batteria. Nell'esempio seguente, la capacità massima è dell'86%.

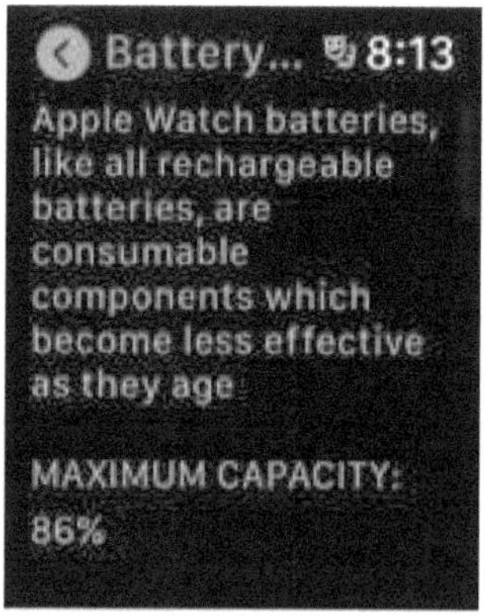

Scorrete un po' in basso e vedrete un'opzione che consente di attivare la funzione Batteria ottimizzata. ottimizzata della batteria e disattivarla.

IMPOSTAZIONI DELL'IPHONE

Ora che abbiamo coperto tutte le impostazioni, ecco un suggerimento che probabilmente vi farà arrabbiare perché non ve l'ho detto prima: potete fare quasi tutto questo sul vostro iPhone!

Non sempre si ha il telefono con sé, quindi è necessario sapere dove si trovano sia sull'orologio che sul telefono. Tuttavia, per la maggior parte delle persone sarà più facile controllare le impostazioni su un dispositivo più grande.

Per regolare le impostazioni, accedere all'app Watch sul telefono e scorrere fino all'impostazione desiderata. Qualsiasi modifica apportata si sincronizzerà automaticamente con l'orologio. Non c'è altro da fare!

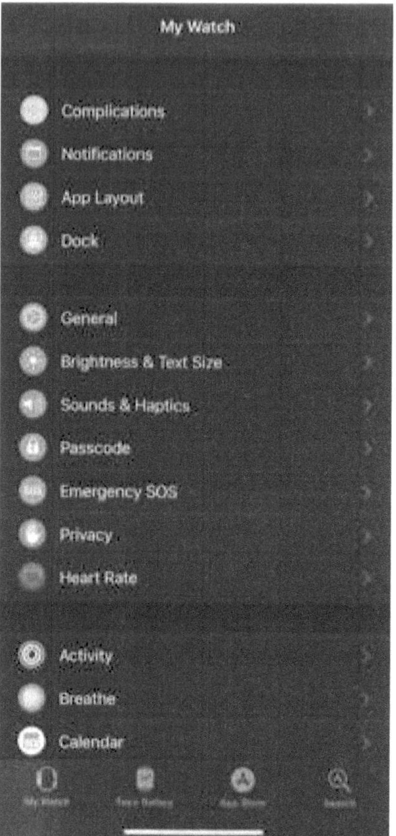

ICONA DI STATOS

Le notifiche sull'Apple Watch si presentano in diverse forme; una di queste è rappresentata dalle icone di stato, che consentono di dare un rapido sguardo al polso per sapere che c'è una nuova e-mail o che l'orologio deve essere ricaricato. Alcune sono meno evidenti di altre. Di seguito sono elencate le icone di stato e il loro significato:

È presente una notifica non letta, ad esempio un'e-mail.

L'Apple Watch è in carica.

La batteria è scarica.

L'Apple Watch è bloccato e necessita di un codice di accesso per essere utilizzato.

L'orologio è in modalità Non disturbare e non emette suoni né si illumina fino a quando non viene nuovamente abilitato; le sveglie, tuttavia, continuano a funzionare.

L'Apple Watch è in modalità aereo e funzionano solo le funzioni non wireless: Bluetooth e Wi-Fi. e Wi-Fi non sono accesi.

L'orologio è in modalità Teatro, rimane silenzioso e lo schermo rimane scuro, a meno che non si tocchi lo schermo o si prema uno dei pulsanti.

L'orologio è collegato a una rete Wi-Fi invece che al telefono.

Questo dato è visibile solo su un Apple Watch con connessione cellulare. Indica che si è connessi alla rete cellulare; le barre indicano quanto è forte la connessione. Quattro è il massimo.

Anche in questo caso, si tratta di una situazione che si verifica solo su un Apple Watch con connessione cellulare e significa che si è persa la connessione cellulare.

Se si sta nuotando o facendo qualcosa con molta acqua, ciò indica che il blocco dell'acqua è attivo e l'orologio non risponde ai rubinetti.

Passando il dito verso l'alto su Glances e vedrete questa icona, che rappresenta la vostra connessione audio. Toccando questa icona è possibile passare l'audio dall'orologio a un altro dispositivo. Ad esempio, se si sta ascoltando la musica e si desidera riprodurla su un auricolare wireless.

Il servizio di localizzazione è attivo. Che cosa significa? Significa che c'è un'applicazione (come Maps) che sta utilizzando la vostra posizione in background.

L'orologio non è più associato al telefono.

È in corso un'attività wireless o un altro tipo di evento attivo, ad esempio il caricamento di un'applicazione.

Se si utilizza l'app Allenamentosi vedrà apparire l'icona di stato. Toccatela per tornare all'app.

Tratterò la funzione Walkie-Talkie più avanti; per ora è sufficiente capire che questa icona rappresenta tale funzione. Per il momento è sufficiente capire che questa icona rappresenta questa funzione.

L'icona viene visualizzata quando l'audio è in riproduzione.

Quando si utilizza un'applicazione di terze parti per le indicazioni stradali o la navigazione, viene visualizzata questa icona di stato.

A volte l'orologio è in ascolto: ad esempio, se l'orologio rileva che ci si sta lavando le mani, appare questa icona per indicare che il microfono è acceso e che l'orologio sta ascoltando ciò che si sta facendo (rilevando l'acqua, in questo esempio).

Se è stata attivata la modalità Sleep, questa icona di stato viene visualizzata ogni volta che si va a letto per la notte. È possibile attivarla manualmente passando il dito verso l'alto per raggiungere la schermata Sguardi e toccando l'icona.

GESTI E SCORCIATOIE

Con uno spazio così limitato, Apple ha sfruttato al meglio le cosiddette Gestures.. I gesti consistono essenzialmente nel fatto che l'orologio fa cose diverse in base al modo in cui lo si tocca o lo si fa scorrere. Se avete un iPhone o un Mac con Force Touchavrete una certa familiarità con questa funzione. In caso contrario, non preoccupatevi: è facile da capire.

Questa sezione offre una rapida panoramica dei gesti e delle scorciatoie che consentono di eseguire rapidamente le operazioni necessarie.

I tre grandi
Ci sono tre azioni che userete più di altre.

#1

La scorciatoia più utilizzata è la manopola della Corona Digitale; premendola si torna sempre alla schermata principale. premendola si torna sempre alla schermata iniziale. È come il tasto Home del vostro iPhone (se avete un iPhone che ha ancora il tasto Home).

#2

Scorrendo verso il basso dal bordo superiore del quadrante dell'orologio si ottengono le notifiche. Se vi siete persi un testo, un'e-mail o qualsiasi altro avviso, passate il dito verso il basso e potrete vedere di cosa si trattava. Probabilmente saprete che questo gesto è esattamente uguale a quello dell'iPhone: Apple, quando possibile, cerca di mantenere i gesti uguali o simili.

Se si passa il dito a sinistra su una notifica, si ottengono altre due opzioni: Cancella e Altre opzioni.

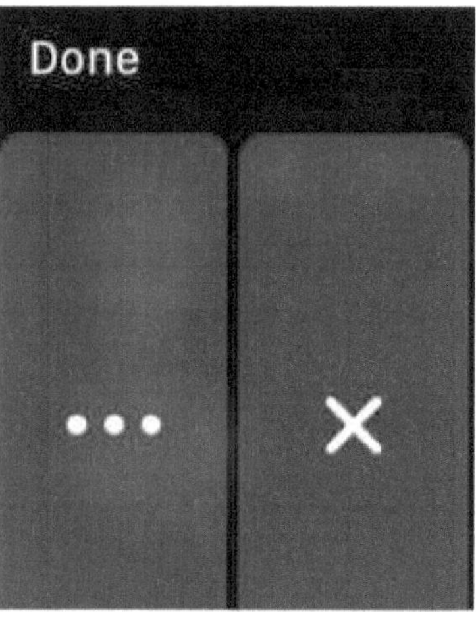

Cancella fa esattamente quello che sembra: cancella! Altre opzioni consente di modificare le modalità di invio delle notifiche.

Le notifiche possono iniziare ad accumularsi molto rapidamente. Forse siete i tipi che amano scorrere le notifiche e cancellarle singolarmente; io trovo che sia un'operazione lunga e preferisco cancellarle in una volta sola. È facile! Basta toccare e tenere premuto su una notifica (cioè toccarla con decisione e tenerla premuta finché non appare un messaggio). Quando appare il messaggio Cancella tutto, toccatelo. Questo non cancellerà il messaggio, ma solo la notifica.

#3

Passare il dito verso l'alto dal bordo inferiore del quadrante dell'orologio per vedere Sguardi. Glances è un po' come il Centro di controllo sugli iPhone più vecchi, si accede con lo stesso gesto (scorrendo verso l'alto); sugli iPhone più recenti si accede scorrendo verso il basso nell'angolo in alto a destra.

Sguardi

Sguardi non sono altro che scorciatoie e levette. Tutte le icone di stato che ho appena citato? Molte di esse sono attivate qui.

Quindi, quando si desidera attivare la modalità Nuoto o la modalità Aereo per esempio, basta andare in Sguardi e premere il tasto e premere il pulsante. Premerlo di nuovo per spegnerlo. Alcune icone (come quella della percentuale di batteria) aprono altre opzioni.

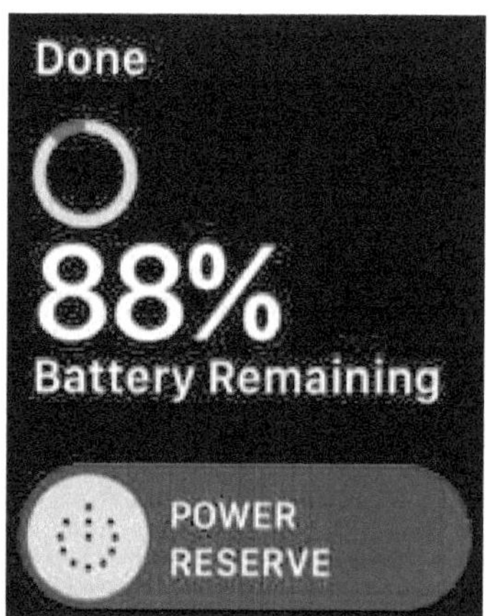

Un'icona di stato non trattata in precedenza è la torcia, che è una delle opzioni di Glance. Sull'iPhone, la torcia è piuttosto utile (e luminosa); sull'orologio? Non molto. Sull'orologio, il display si accende, quindi c'è "un po'" di luce, ma non è la stessa luminosità del flash della fotocamera come sul telefono. Passando il dito su di esso vengono visualizzati i diversi tipi di flash (bianco, bianco lampeggiante e rosso). Per spegnerla, passare il dito verso il basso.

In fondo a Sguardic'è un pulsante Modifica. Toccandolo, si potranno trascinare le icone; in questo modo si potranno organizzare le icone in base a quelle che si usano di più.

È anche possibile toccare il pulsante - nell'angolo superiore sinistro di ciascuna icona per rimuoverla da Glances.. Non è possibile rimuovere tutte le icone, ma la maggior parte di esse.

Quando lo si rimuove, non è scomparso per sempre. È possibile recuperarla andando in basso; apparirà sotto la voce Altro.

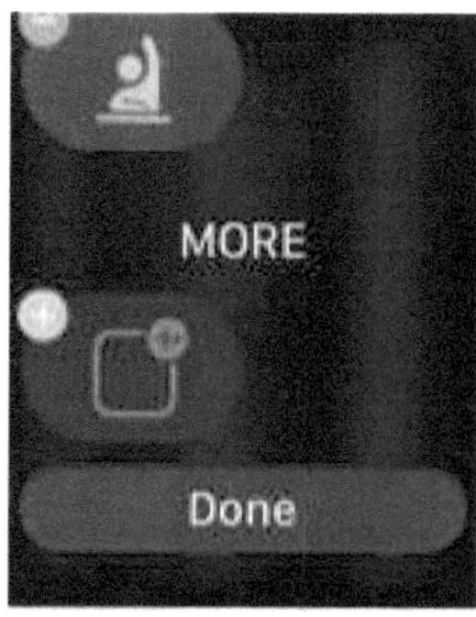

Tocco di forza

Per diverso tempo, Apple ha promosso il Force Touch come un'innovazione nei gesti, e poi non l'ha fatto. E ora non c'è più!

Forza tattile misura non solo ciò che si tocca, ma anche la forza con cui lo si tocca. Sullo schermo dell'orologio, premendo un po' più forte sullo schermo si può cambiare il quadrante dell'orologio. Nelle applicazioni, il Force Touch viene utilizzato un po' come il clic destro su un computer: consente di visualizzare le opzioni.

Da allora Apple ha deciso di nascondere completamente questa funzione. Se vi state chiedendo perché premendo con più decisione non compare più il menu, ecco perché.

ZOOM

Se siete abituati a pizzicare e zoomare su iPhone e iPad, preparatevi a rimanere delusi... su uno schermo più piccolo questo metodo non funziona. Al suo posto c'è la Corona digitaleche può essere utilizzata per ingrandire e rimpicciolire lo schermo ruotando la manopola. È possibile utilizzarla per ingrandire oggetti come foto e mappe.

SPEGNIMENTO DELLO SCHERMO

Non c'è un pulsante fisico per spegnere l'Apple Watch. Per spegnere lo schermo è possibile abbassare la mano o coprire l'orologio con l'altra mano. È anche possibile disattivare gli allarmi coprendo la mano sullo schermo.

AVVIO DI SIRI

Esistono due modi rapidi per avviare Siriuno, tenere premuta la corona digitaledue, sollevando il polso e parlando: non è necessario alcun pulsante. In precedenza era necessario dire "Ehi Siri"; ora non è più necessario. L'orologio è in grado di rilevare il sollevamento del polso per parlare e ascolta le parole pronunciate.

È anche possibile utilizzare Siri per le traduzioni. Basta dire "Ehi Siri, come si dice X [cosa] in Y [lingua]?".

INDIVIDUARE L'IPHONE

Se non si riesce a trovare l'iPhone, è possibile eseguire un ping rapido con l'orologio per vedere se è nelle vicinanze. Andare sul quadrante dell'orologio, scorrere verso l'alto per visualizzare Sguardiquindi toccare l'icona Telefono.

In questo modo il telefono inizierà a emettere un segnale acustico. (Nota: per far sì che questo funzioni, è necessario attivare Trova il mio iPhone da iCloud.)

AEREO MODALITÀ

La maggior parte delle compagnie aeree vi permetterà di lasciare l'orologio acceso durante il volo, ma lo vorrà in modalità aereo (che disattiva le impostazioni che potrebbero interferire con il volo). (che disattiva le impostazioni che potrebbero interferire con l'aereo).

Per mettere l'orologio in modalità aereo andare sul quadrante dell'orologio, scorrere verso l'alto dalla parte inferiore per visualizzare le finestre, passare alla finestra Impostazioni e toccare il pulsante che sembra un aereo.e passare alla vista Impostazioni, quindi toccare il pulsante con l'aspetto di un aeroplano. Ripetere i passaggi per disattivare la modalità.

Se si desidera che l'orologio passi in modalità aereo ogni volta che lo fa il telefono, accedere all'app Apple Watch, toccare Il mio orologio, quindi toccare Modalità aereo e attivare Specchio iPhone. ogni volta che il telefono lo fa, accedere all'app Apple Watch, toccare Il mio orologio, quindi toccare Modalità aereo e accendere Mirror iPhone. Ripetere i passaggi per disattivarla.

PULSANTE LATERALE

Per passare dalle app utilizzate più di recente, premere il pulsante laterale sul quadrante dell'orologio. In questo modo tutte le app vengono visualizzate come un rolodex. È un po' come il multitasking su un iPhone.

Utilizzare la corona digitale per scorrerle; toccare una volta per aprire un'applicazione; scorrere il dito verso destra per bloccarla.

ULTIMA APPLICAZIONE

Avete bisogno di tornare rapidamente all'ultima applicazione utilizzata? Fare doppio clic sulla corona digitale.

APPLE PORTAFOGLIO

Per utilizzare Apple Pay con Apple Wallettoccare due volte il pulsante laterale; verrà visualizzata la carta di credito e si dirà di avvicinarla al lettore (non è necessario che il telefono sia nelle vicinanze); una volta vicino al lettore, si inserirà il codice di accesso. Siete preoccupati che qualcuno possa prendere il vostro orologio e usare la vostra carta di credito? Non funziona se viene tolto dal polso.

Se si desidera utilizzare un'altra carta di credito, passare il dito verso sinistra. Quando si trova la carta desiderata, girarla verso il lettore. Quando la transazione viene eseguita, si sente un segnale acustico e si avverte un tocco: questo avverte che la transazione è stata completata.

Prima di poter utilizzare Apple Payè tuttavia necessario configurarlo. Questa operazione si effettua sull'iPhone. Dall'iPhone, toccare l'app Apple Watch, quindi scorrere fino a Aggiungi carta di credito o di debito e toccarla. È possibile utilizzare una carta in archivio con iTunes o aggiungere una nuova carta. In entrambi i casi, dovrete aggiungere il vostro numero di sicurezza (o il numero completo se state aggiungendo una nuova carta); a seconda della carta, potrebbe essere necessario verificare con un altro passaggio, che di solito è un messaggio di testo con un codice dalla vostra banca. Quando si riceve il codice, basta toccare Verifica e inserirlo. L'orologio è pronto per essere utilizzato per gli acquisti!

L'app Wallet si sincronizza automaticamente con l'iPhone. Non è possibile aggiungere al volo una carta di credito all'orologio, ma è possibile aggiungerla sull'iPhone e in pochi secondi sarà al polso. L'utilizzo della carta è simile a quello del telefono. Si apre l'app Wallet, si seleziona la carta con cui si vuole pagare e si avvicina il polso al distributore di carte. Se il distributore è impostato per i pagamenti Apple, la carta verrà addebitata.

Impostazione di Apple Wallet sull'iPhone

Apple Wallet è il luogo in cui è possibile memorizzare le versioni digitali di carte di credito, tessere assicurative e persino documenti d'identità e chiavi. Ogni anno diventa sempre più grande, ma purtroppo spetta alle aziende aggiungerlo al sistema di Apple. Quindi, se non vedete la vostra carta di credito o non potete aggiungere qualcosa come un documento d'identità, è perché non è ancora supportato.

La sezione Servizi Apple di questa guida parlerà più diffusamente di queste funzioni.

Per aggiungere qualcosa al portafoglio, aprire l'applicazione Wallet, quindi toccare l'icona + nell'angolo in alto a destra.

Quindi, selezionate ciò che volete aggiungere. Potete anche richiedere una Apple Card. Apple Card è la carta di credito di Apple.

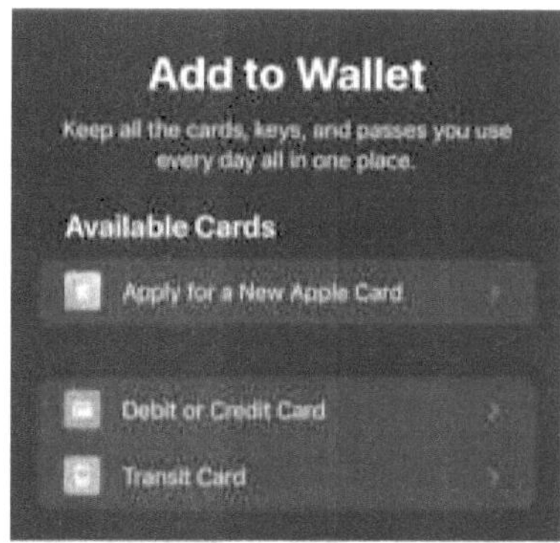

Solo perché state leggendo questo articolo negli Stati Uniti, non date per scontato che non vedrete cose di altri Paesi. Se viaggiate in un posto come la Cina, vedrete anche le carte di transito di quel Paese.

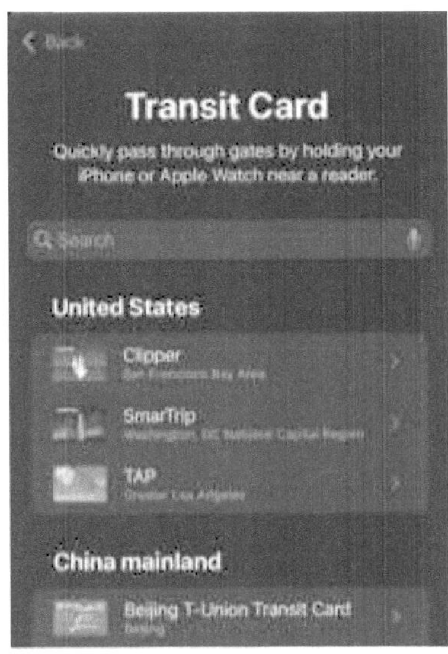

HANDOFF TRA APPLE WATCH E IPHONE

Handoff consente di passare dall'orologio al telefono senza perdere la posizione. Se state leggendo un'e-mail sull'orologio e volete rispondere sul telefono, andate su Handoff sul telefono. Prima Handoff appariva nella schermata di blocco, ora è un po' meno evidente. Ora è possibile accedere a Handoff dalla schermata di commutazione delle app sull'iPhone (vedi sotto). È sufficiente scorrere il dito verso l'alto e tenerlo premuto sull'iPhone.

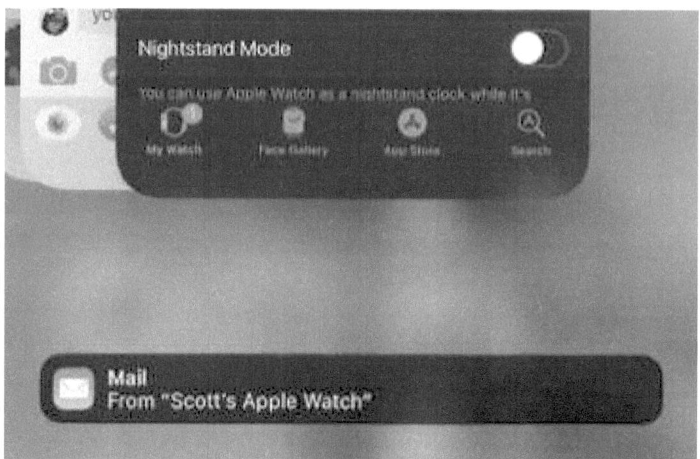

Su un MacBook, Handoff si trova nel dock. Nell'angolo in alto a destra è presente l'icona di Apple Watch.

È possibile attivare e disattivare Handoff aprendo l'app Apple Watch sull'iPhone, andando su Il mio orologio, quindi toccando Generali e Abilita Handoff.

DISPORRE LE ICONE

Sull'Apple Watch esistono due visualizzazioni delle app: Vista griglia e Vista elenco.

VISTA GRIGLIA

La visualizzazione a griglia è quella a cui la maggior parte delle persone è abituata; è anche piccola... molto piccola. Quando si hanno molte applicazioni, può essere difficile trovare quella desiderata. Se è difficile navigare, la vista Elenco può essere d'aiuto.

VISTA ELENCO

La vista Elenco mette tutte le app in un elenco scorrevole in ordine alfabetico.

RIMOZIONE APPLICAZIONI

Se si utilizza la visualizzazione a griglia, è possibile rimuovere un'app dalla griglia come nella schermata iniziale dell'iPhone o dell'iPad: toccando e tenendo premuto. Le app rimovibili avranno delle piccole X nell'angolo in alto a destra. Toccare queste X per rimuoverle.

Confermerà che si vuole veramente eliminare il file prima di portarlo via. Non è sparita per sempre, è solo archiviata nel cloud. È possibile reinserirla in un secondo momento.

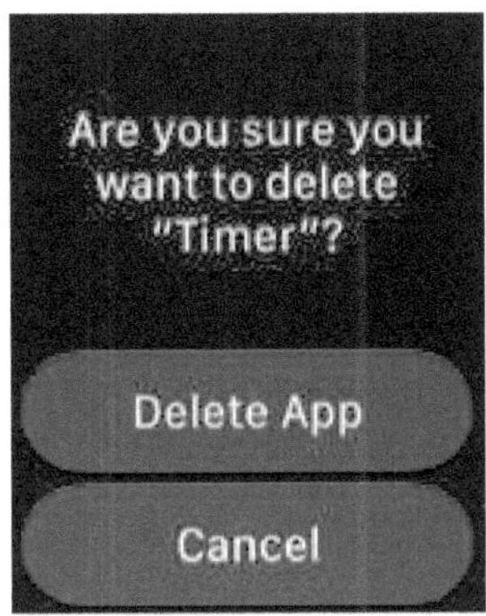

DISPORRE LE ICONE

Anche la disposizione delle icone sull'orologio è simile a quella dell'iPhone e dell'iPad. Per iniziare, andare alla schermata iniziale, quindi toccare e tenere premuta l'icona di un'applicazione; a questo punto è possibile trascinarla in una nuova posizione.

CAMBIARE LA VISUALIZZAZIONE DELLE APP

Per passare dalla visualizzazione a griglia a quella a elenco (o viceversa), accedere all'app Impostazioni, quindi spostarsi su Visualizzazione app.

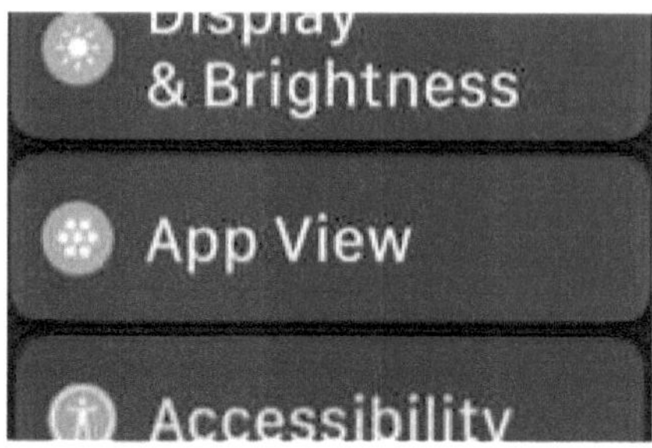

Nella schermata successiva, selezionare la vista desiderata. Premere la corona digitale una volta effettuata la selezione.

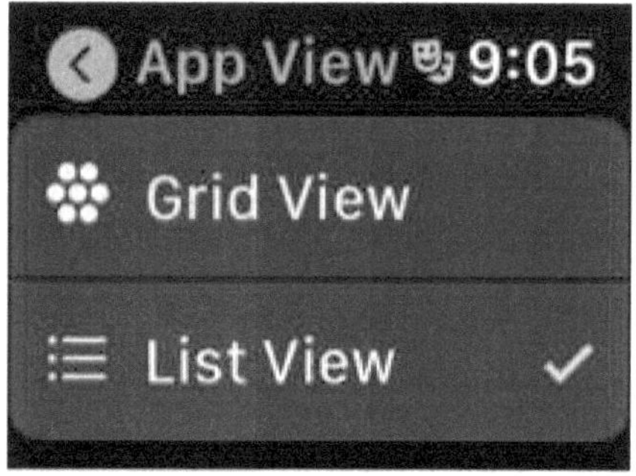

INSTALLAZIONE APPLICAZIONI SULL'OROLOGIO

Con OS 7 sono finiti i tempi in cui si usava il telefono per trovare e scaricare le applicazioni. È vero che è ancora possibile utilizzare il metodo indicato nella sezione precedente, e forse lo si preferisce perché è più facile da navigare e sfogliare.

Per trovare le app direttamente sull'orologio e saltare il vecchio metodo, aprite l'applicazione Apps sull'orologio.

Viene visualizzata una versione dell'App Store dedicata all'orologio.; è possibile cercare le applicazioni o utilizzare la corona digitale per sfogliare le app in primo piano.

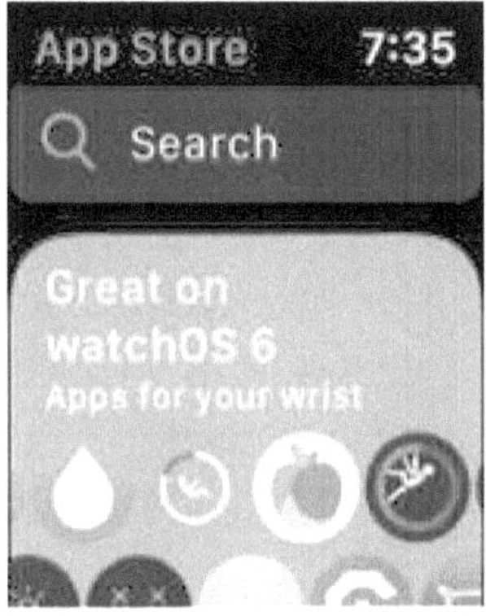

Quando viene visualizzata l'applicazione desiderata, toccarla, quindi toccare il pulsante Ottieni.

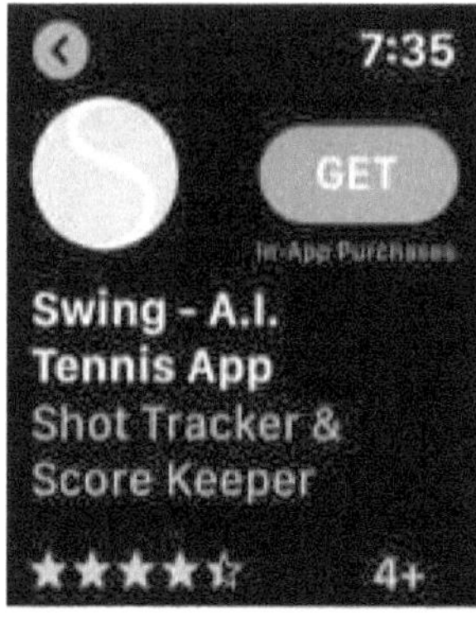

SOS

SOS consente all'orologio di chiamare i servizi
di emergenza locali per comunicare la propria posizione; ovviamente si tratta di un'opzione da utilizzare solo in caso di emergenza, non è da provare
solo per vedere come funziona! Per attivarlo,
tenere premuto il pulsante laterale per tre secondi,
quindi scorrere il dito su SOS.

RUMORE

Dopo l'aggiornamento al sistema operativo 7,
gli orologi dalla Serie 4 in su vedranno comparire
una nuova applicazione: l'applicazione Noise .

L'app Rumore utilizza il microfono dell'orologio per misurare i livelli sonori dell'ambiente circostante. Quando il livello sale a un livello che può danneggiare l'udito, l'app invia una notifica all'utente.

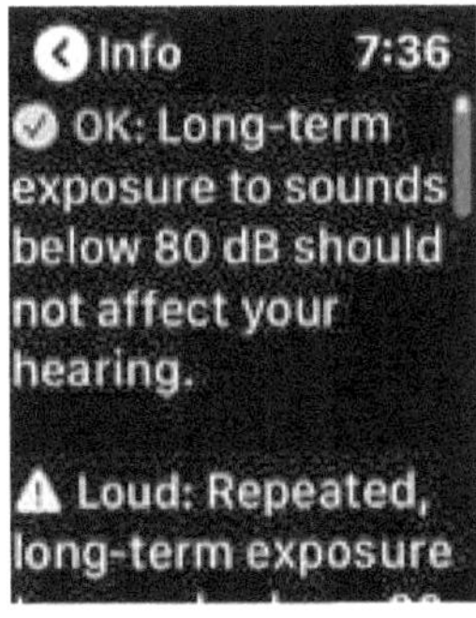

Per attivarla, aprire l'app e selezionare Abilita.

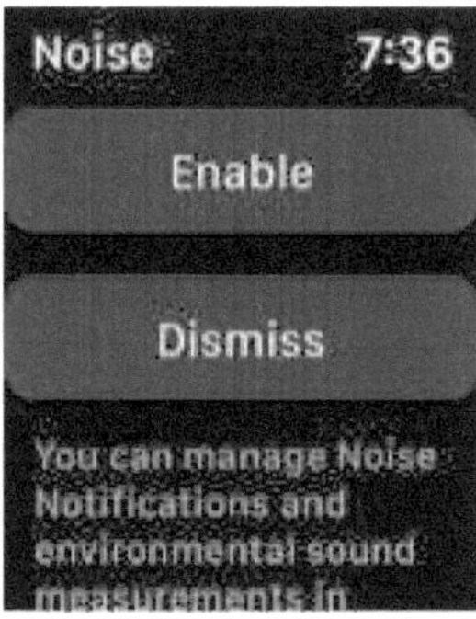

Una volta acceso, è possibile aprirlo in qualsiasi momento per misurare il livello sonoro. È anche possibile regolare il momento in cui si ricevono le notifiche sui livelli sonori andando in Impostazioni sull'orologio, quindi Rumorequindi Notifiche.

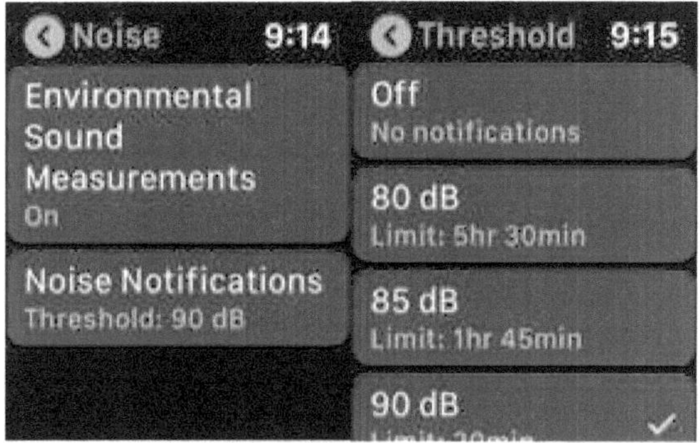

Se si sta ascoltando qualcosa di troppo forte, viene visualizzato un messaggio che indica come il rumore ripetuto a questo livello possa danneggiare l'udito.

Per visualizzare la cronologia dei rumori, aprire l'applicazione Salute sull'iPhone.

All'interno dell'applicazione, toccare l'icona Sfoglia in basso.

Nell'elenco, selezionare l'opzione per l'Udito.

A questo punto viene visualizzato un grafico con la cronologia dei rumori a cui si è stati esposti.

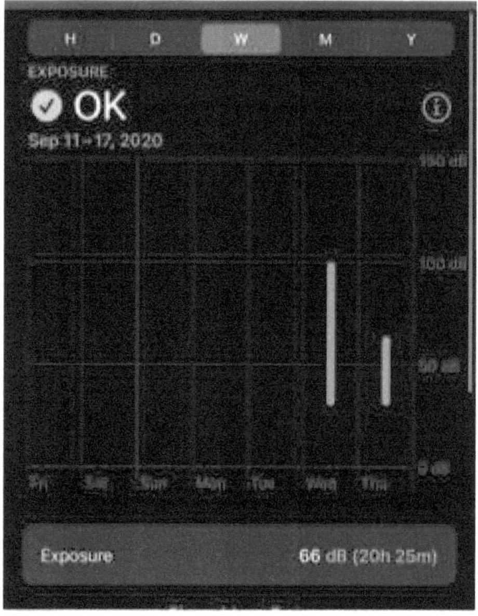

MEMORABILE

La Mindfulness è presente nell'orologio da diverso tempo, ma fino al 2021 si chiamava app Breathe.

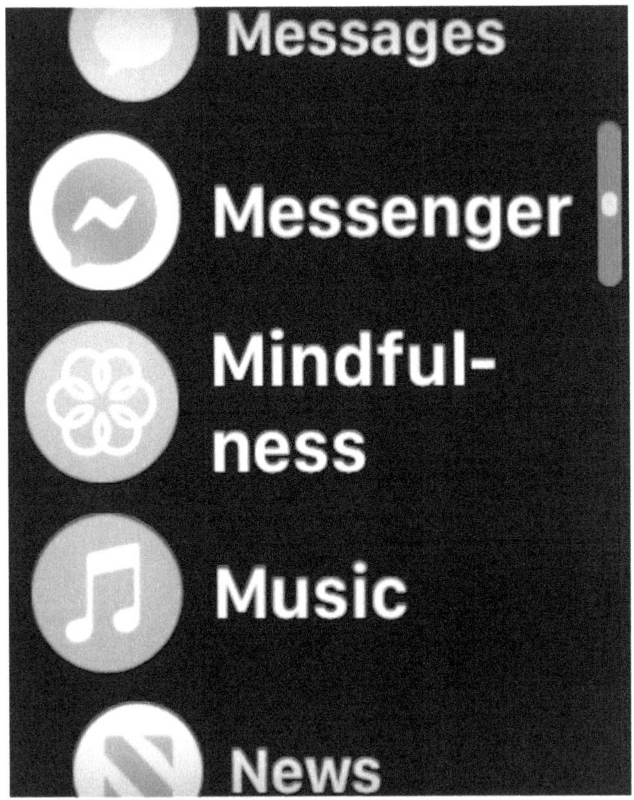

L'applicazione Mindfulness ha tre modalità:
* Fitness + - Qui è possibile ascoltare le meditazioni audio degli istruttori di Fitness +.

- Rifletti - Questa modalità vi aiuta a concentrarvi e a pensare a ciò che vi sta a cuore.

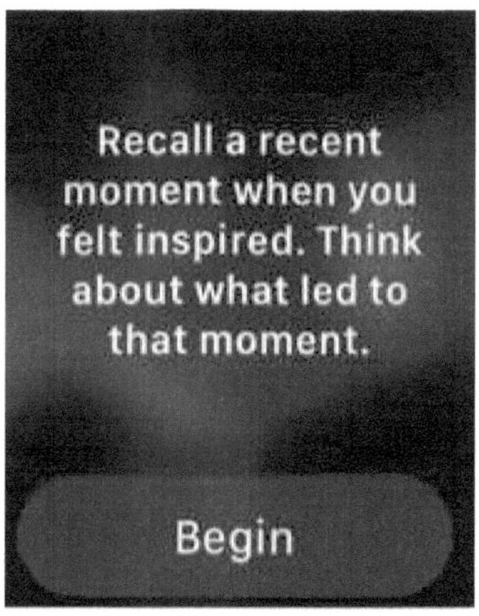

- Respirare - Un esercizio di respirazione semplice, ma potente, che aiuta a concentrarsi e a sentirsi meglio.

Durante l'esecuzione di una di queste modalità, accertarsi di avere attivato la funzione Non disturbare, altrimenti si rischia di interrompere l'esercizio; le notifiche possono far interrompere il programma.

Ogni volta che si desidera interrompere l'esercizio, è sufficiente scorrere il dito verso destra e toccare Fine.

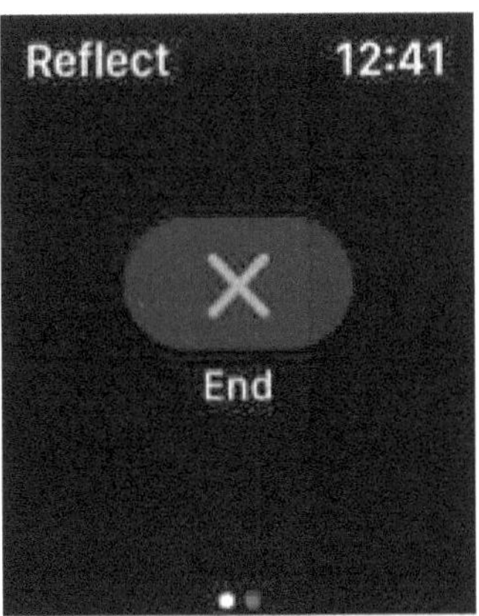

Prima di toccare Rifletti o Respira, noterete tre punti nell'angolo in alto a destra. Se si toccano, è possibile modificare la durata. In questo modo è possibile prolungare o accorciare la durata della modalità. Un minuto è la durata più breve e cinque minuti quella più lunga.

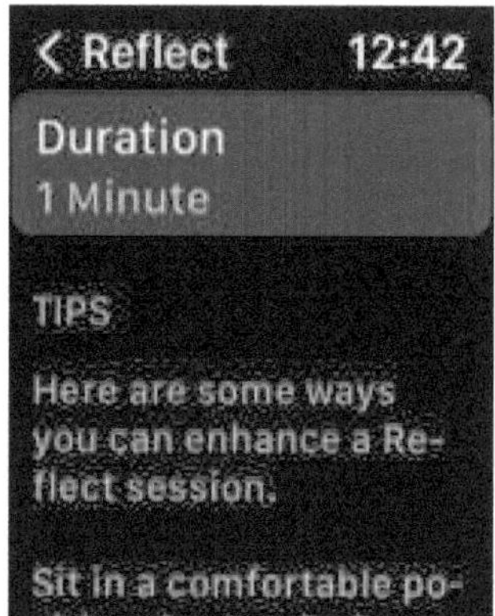

È sufficiente toccare l'ora corrente per selezionare una nuova ora.

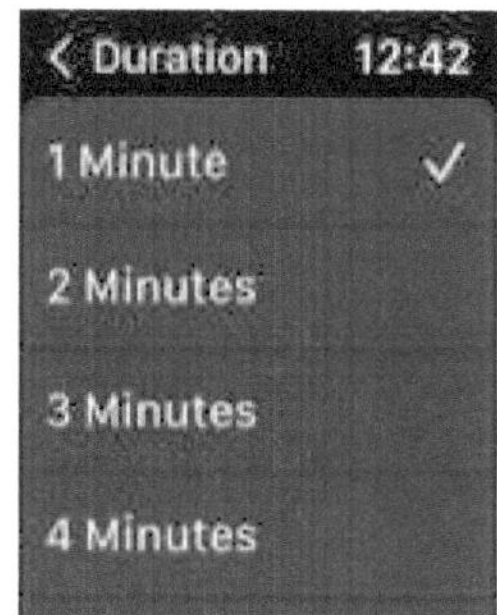

Nella modalità di respirazione, l'apparecchio vi dirà sullo schermo cosa dovete fare, ma vi invierà anche delle vibrazioni al polso.

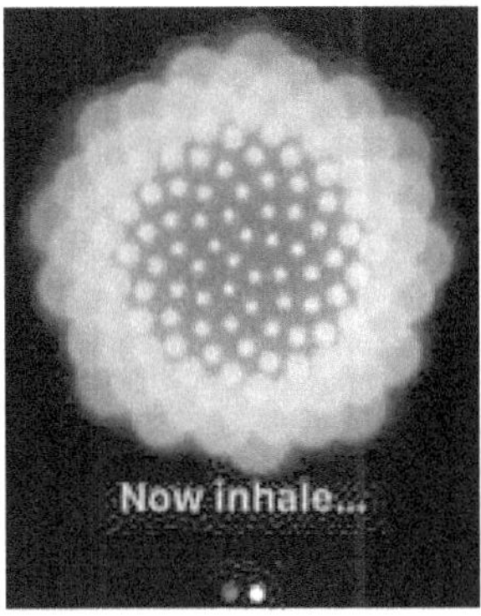

BUSSOLA

La bussola è un'applicazione esclusiva dell'Apple Watch Serie 5 e successivi. Gli orologi più vecchi non dispongono di questa app.

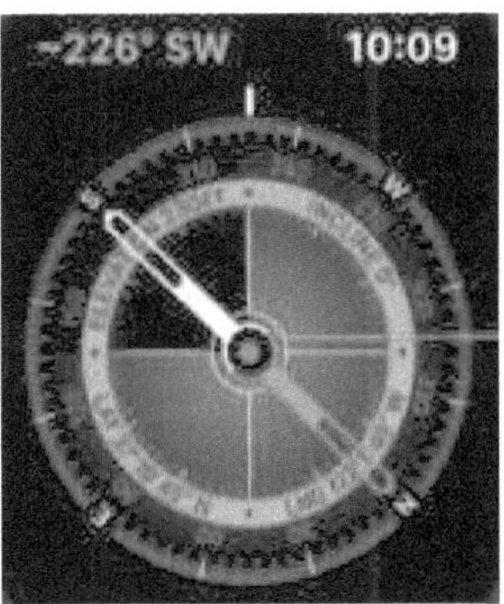

La bussola è più o meno quello che ci si aspetta: indica la direzione in cui l'orologio è rivolto, la posizione attuale e l'altitudine. È possibile utilizzare la corona digitale per visualizzare la pendenza e altre coordinate. Premendo con decisione sul display è possibile modificare l'orientamento.

FOCUS

Focus è sull'Apple Watch... più o meno. Non esiste un'icona o un'app chiamata Focus, ma se create un Focus sul vostro iPhone, lo vedrete comparire sull'orologio. Il tutto si sincronizza perfettamente.

Impostazione di un focus sull'iPhone

I telefoni possono distrarci dalle cose che dovremmo fare. Certo, sono ottimi per giocare mentre si è in bagno, ma è necessario tornare al lavoro. Per aiutarvi, c'è la modalità Focus. Per accedervi, scorrere il dito verso il basso dall'angolo superiore destro, quindi toccare il pulsante Focus.

Esistono diverse modalità di messa a fuoco, ognuna con impostazioni diverse. Alcune inviano le notifiche, ma non le chiamate, ad esempio.

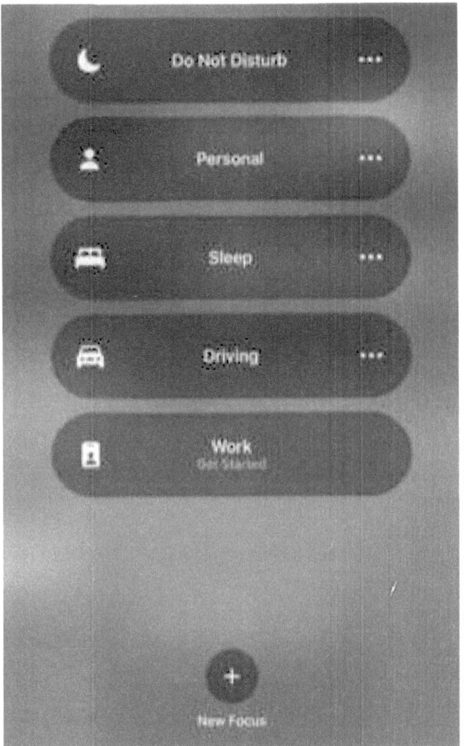

Facendo clic sui tre punti nell'angolo della modalità è possibile selezionare il tempo di permanenza (se non si fa questa operazione, la modalità rimarrà attiva fino a quando non la si disattiverà).

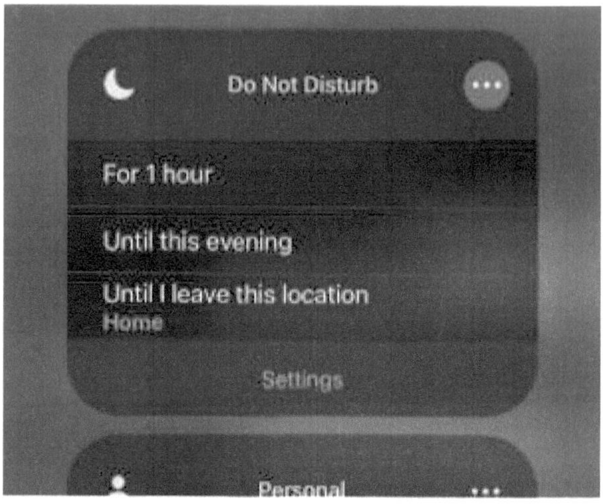

È anche possibile aggiungere una modalità. Esistono modalità predefinite che si possono aggiungere.

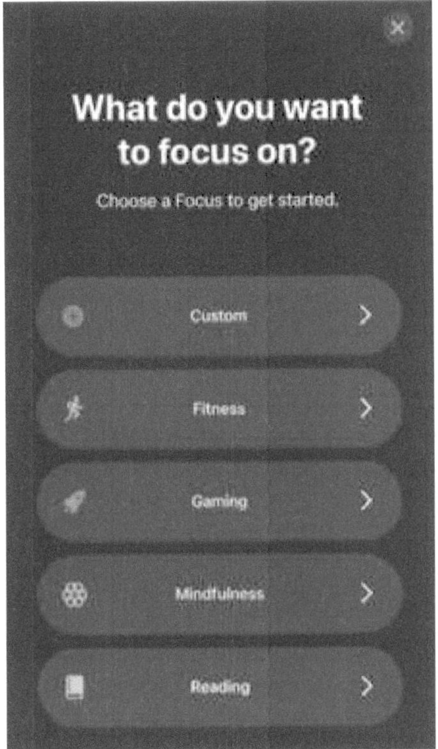

Toccando ogni modalità, si capisce a cosa serve.

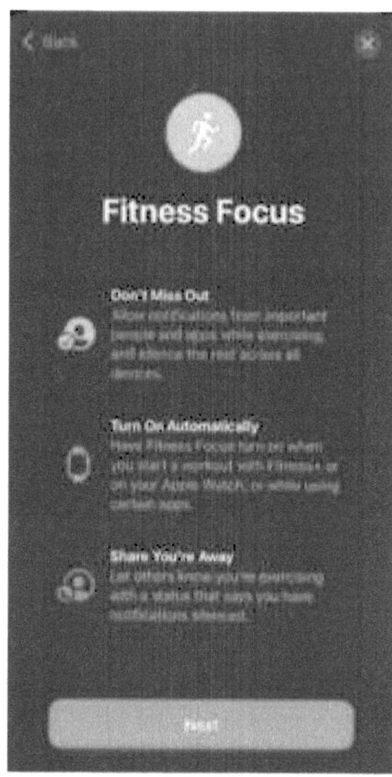

È anche possibile creare una modalità personal-izzata.

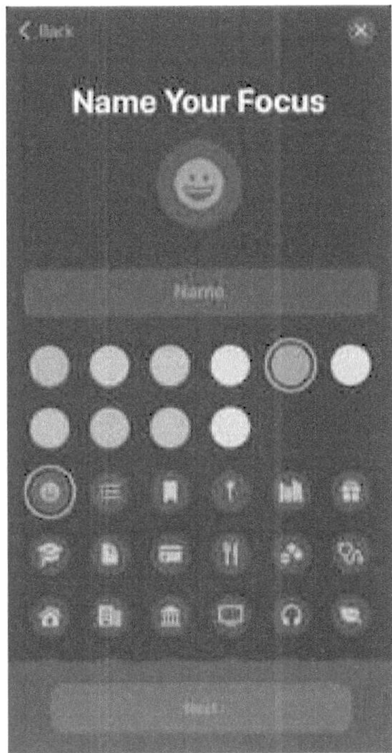

La creazione di una modalità personalizzata consente di definire i limiti.

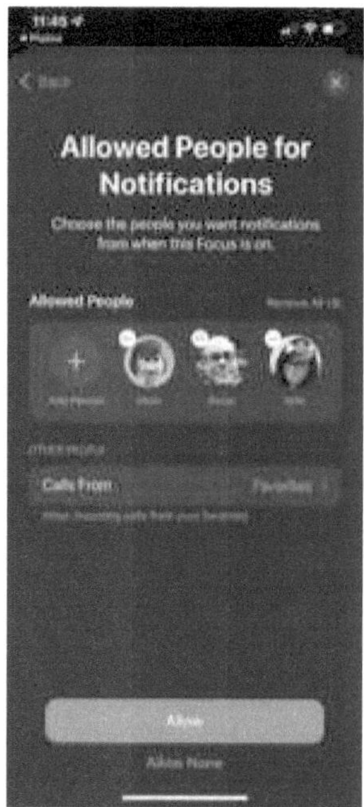

È inoltre possibile scegliere le app che possono ricevere le notifiche. Così si può dire che si possono ricevere i tweet, ma non i messaggi di Facebook.

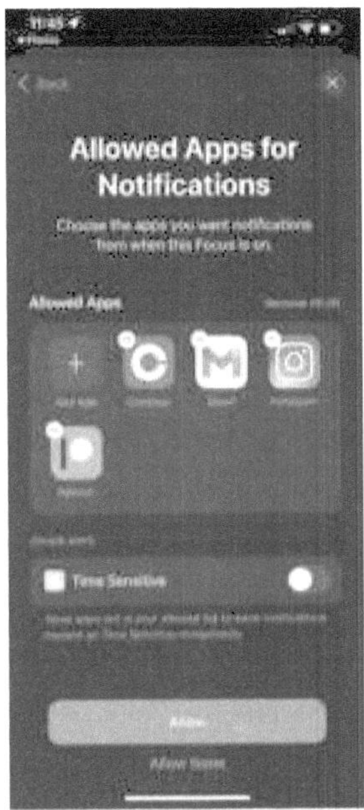

Basta premere su Fine per aggiungerlo.

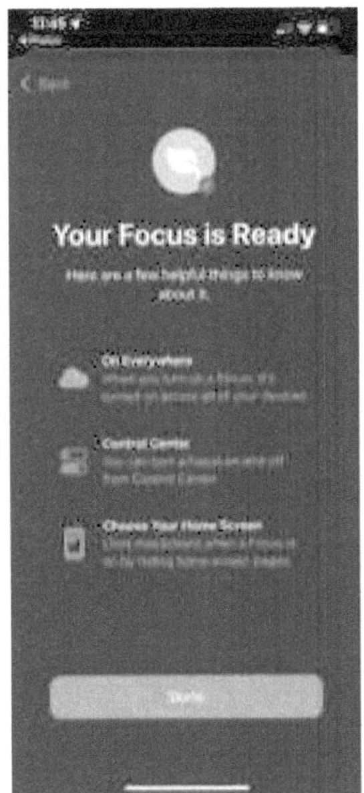

Sempre acceso

Quando si parla delle differenze tra la Serie 5 e i modelli precedenti, probabilmente si cita il display sempre acceso. Negli orologi più vecchi, il display si spegne non appena si appoggia il polso.

La maggior parte delle persone con la Serie 5 o superiore probabilmente vorrà tenerla accesa; tuttavia, in alcune impostazioni si potrebbe desiderare di disattivarla. Per disattivarla, accedere all'app Impostazioni sull'orologio, toccare Display e luminositàquindi toccare Sempre attivo. È inoltre possibile utilizzare questa schermata delle impostazioni per nascondere le notifiche sensibili, come gli eventi del calendario e i messaggi.

[6]
FACCIAMO LE FACCE

Questo capitolo tratta di:
- Che cos'è il quadrante di un Apple Watch?
- Come cambiare il quadrante dell'Apple Watch
- Come personalizzare le diverse facce dell'Apple Watch
- Aggiunta di complicazioni a un quadrante di orologio
- Facce degli orologi
- Come condividere un volto
- Trova altri volti
- Rimuovere un volto

Uno degli aspetti che contraddistinguono un Apple Watch è la personalizzazione del quadrante dell'orologio. Quando è stato lanciato l'Apple Watch originale, non c'erano nemmeno una dozzina di quadranti; oggi ce ne sono diverse decine. All'interno di ogni quadrante, ci sono innumerevoli modi per personalizzarli e aggiungere complicazioni (una complicazione dell'orologio è fondamentalmente una funzione all'interno del quadrante dell'orologio: ad esempio, oltre a indicare l'ora, il quadrante dell'orologio fornisce informazioni sul tempo o sulle condizioni di navigazione).

In questo capitolo vedremo come cambiare le faccine, condividerle e quali sono le faccine ufficiali dell'orologio.

Per iniziare, vediamo come cambiare un volto. È semplice: tenere premuto il volto per circa tre secondi.

In questo modo, il volto viene leggermente arretrato, viene mostrato il titolo del volto e viene data la possibilità di modificarlo e di condividerlo. Le modifiche e le condivisioni saranno trattate più avanti in questo capitolo. Per ora, scorrere a sinistra e a destra per vedere i diversi volti.

A questo punto non vi mostrerà tutte le facce. Verranno mostrate quelle che si sono già utilizzate. Se siete nuovi all'Apple Watch, allora sarà piuttosto scarno.

Per vedere tutti i volti, scorrere verso sinistra fino a raggiungere il grande pulsante +, quindi toccarlo.

Verrà visualizzato un lungo elenco di quadranti dell'orologio; utilizzare il dito per trascinare verso l'alto e verso il basso o la corona digitale dell'orologio. sull'orologio.

FACCIA DI OROLOGIOI QUADRANTI DEGLI OROLOGI E LE LORO FUNZIONI

Ogni quadrante ha diversi dettagli che possono essere aggiunti o rimossi. Di seguito è riportato un elenco delle attuali watch face e di ciò che è possibile aggiungere ad esse. Le watch face che presentano icone di stato possono essere toccate per caricare l'app associata. (Nota: non tutte queste faccine sono disponibili sui modelli di orologio precedenti; inoltre, alcune sono disponibili solo per i modelli di orologio con cellulare).

ATTIVITÀ ANALOGICO / ATTIVITÀ DIGITALE

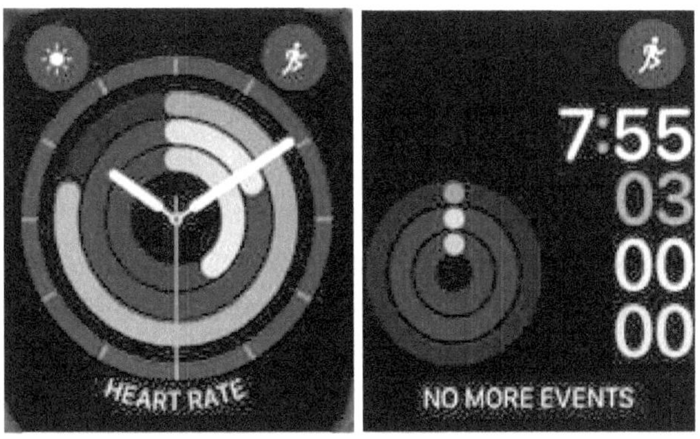

Questo è il quadrante da usare quando ci si allena. Misura i progressi, ma ha anche un orologio in sovrimpressione che indica l'ora. Esistono due versioni: analogica senza numeri e digitale con numeri.

ARTISTA

Questo volto è frutto della collaborazione tra Apple e l'artista Geoff McFetridge. McFetridge è un artista di origine canadese che attualmente vive a Los Angeles, in California. È noto per i suoi colori audaci e i suoi disegni semplicistici. Ha lavorato per marchi come Nike e Patagonia e ha realizzato la sequenza dei titoli dei film "The Virgin Suicides" e "Adaptation".

STRISCE

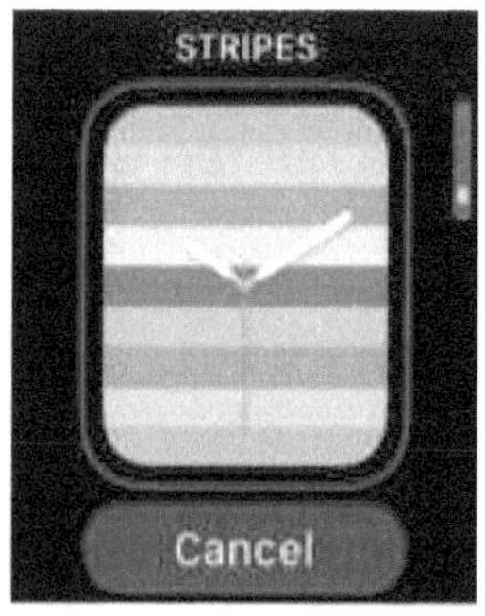

Questa faccia comprende diversi motivi a strisce. L'idea è di utilizzare questi motivi colorati per creare squadre sportive o colori di bandiere.

La personalizzazione dei visi è descritta di seguito, ma brevemente, questo è uno dei visi più complicati da personalizzare a causa del numero di opzioni.

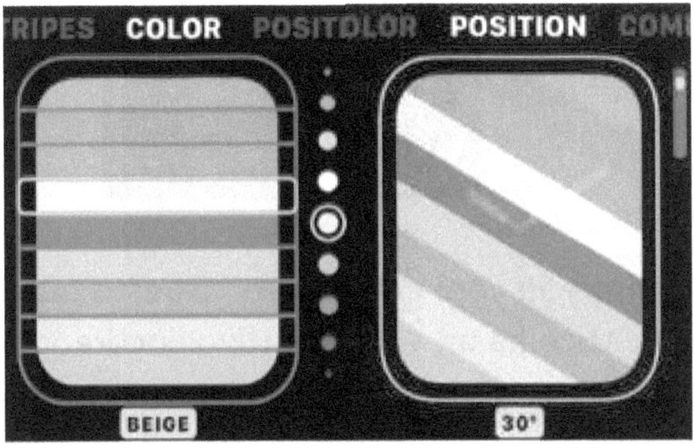

Quando si modifica la faccia, è possibile selezionare un colore unico per ogni linea e cambiare la posizione, in modo che possa apparire in orizzontale, in verticale o ad angolo.

RESPIRARE

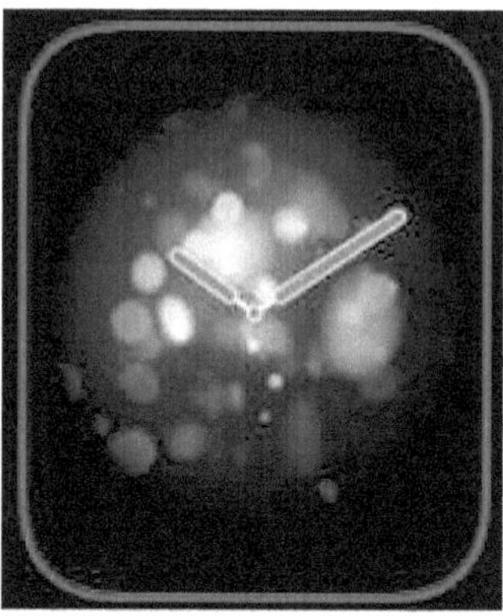

Liberate lo yogi che è in voi. Questo quadrante semplicistico ha un solo obiettivo: incoraggiarvi a respirare.

CALIFORNIA

La California trasforma il quadrante in un quadrante più tradizionale. Ci sono molte personalizzazioni; ad esempio, è possibile passare da un quadrante a schermo intero a un quadrante circolare accedendo alle personalizzazioni, quindi ruotando la corona digitale nel menu a schermo intero.

MEMOJI

Porta i Memoji animati(descritte in modo più dettagliato nella sezione successiva) sul quadrante dell'orologio.

TOPOLINO

Con Topolino (e ora Minnie Mouse), questo orologio è sicuramente il più stravagante e animato. Toccandolo, l'orologio indicherà l'ora, se il suono è attivo. Sul quadrante possono essere aggiunti: data, calendario, fasi lunari, alba/tramonto, meteo, riepilogo attività, sveglia, timer, cronometro, carica della batteria, orologio mondiale e azioni.

LA STORIA DEI GIOCATTOLI

Non è da meno la faccia di Topolino, quella di Toy Story. Toccate lo schermo per ottenere un'animazione diversa.

GRADIENTE

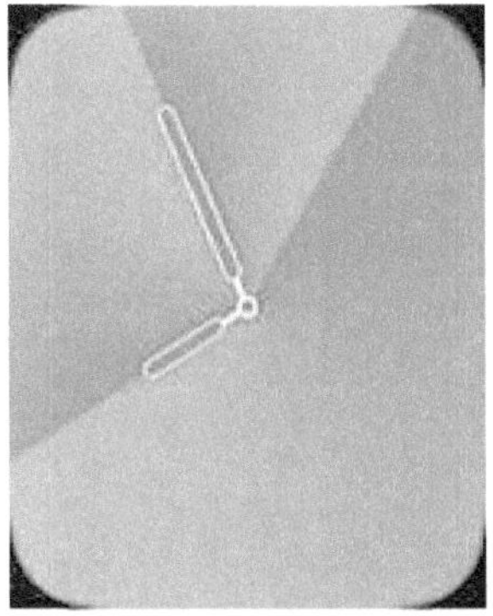

Il gradiente è un volto molto semplice che cambia leggermente con il passare del tempo.

MERIDIANO

Un look classico con quattro contatori.

MODULARE / MODULARE COMPATTO

Un quadrante dall'aspetto molto moderno con molto spazio per aggiungere elementi. È possibile regolare il colore e aggiungere le seguenti funzioni: calendario, fasi lunari, alba/tramonto, meteo, azioni, riepilogo delle attività, sveglia, timer, cronometro, carica della batteria, orologio mondiale. Esistono due versioni di questo quadrante: Modular e Modular Compact.

MOVIMENTO

È una delle poche facce dell'Apple Watch completamente animate. È possibile scegliere tra una farfalla, un fiore e una medusa. È possibile aggiungere al quadrante i seguenti elementi: data.

NUMERI / NUMERI DUO / NUMERI MONO

Numerals ha tre design unici (normale, Duo e Mono) con diverse personalizzazioni. Il design di base mostra l'ora in grassetto e in modo facile da leggere.

CONTO ALLA ROVESCIA

Toccando la ghiera di questa app è possibile avviare rapidamente il monitoraggio del tempo trascorso.

SEMPLICE

Come suggerisce il nome, questo è il quadrante classico più semplice. Sul quadrante è possibile regolare: il colore della lancetta e la numerazione del quadrante. È possibile aggiungere: data, calendario, fasi lunari, alba/tramonto, meteo, riepilogo attività, sveglia, timer, cronometro, carica della batteria e orologio mondiale.

SOLARE / GRAFICO SOLARE

Tirate fuori lo scienziato che c'è in voi con questo volto che mostra la posizione del sole nel cielo.

UTILITÀ

Un quadrante molto essenziale e dall'aspetto classico; le seguenti caratteristiche possono essere modificate: il colore della lancetta dei secondi e la numerazione sul quadrante. È possibile aggiungere al quadrante: data, calendario, fasi lunari, alba/tramonto, meteo, riepilogo attività, sveglia, timer, cronometro, carica della batteria, orologio mondiale e azioni.

GMT

L'idea di questo quadrante è quella di mostrare più fusi orari contemporaneamente. Il quadrante interno mostra un'ora di 12 ore (con l'ora del luogo in cui ci si trova), mentre il quadrante esterno mostra un'ora di 24 ore.

X-LARGE

X-Large è il volto moderno più semplicistico, ma anche il più audace. È possibile regolare i seguenti elementi: colore.

ESPLORATORE

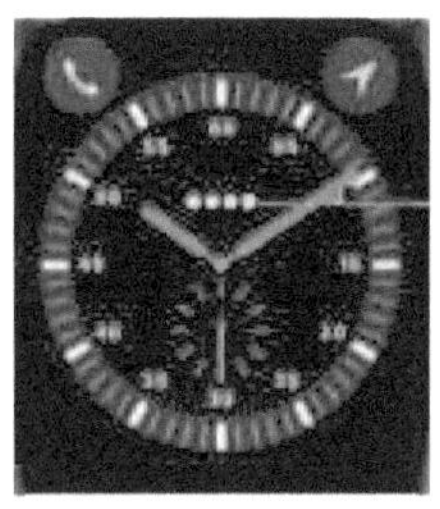

Questo quadrante è un'esclusiva dei cellulari. L'obiettivo del quadrante è quello di mostrare la potenza del segnale cellulare.

FUOCO E ACQUA / VAPORE

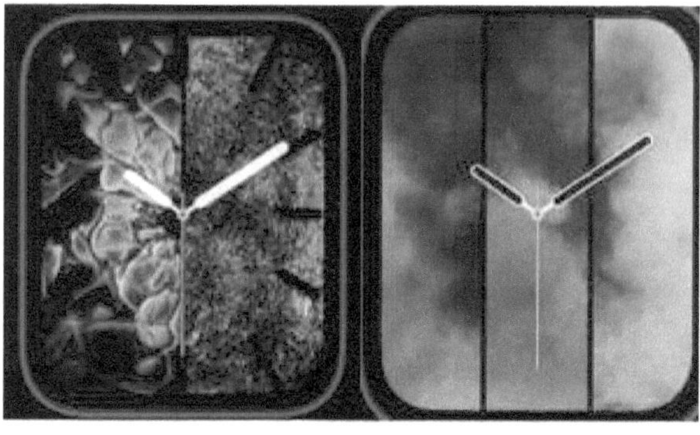

Si anima di fumo ogni volta che lo si solleva.

TIPOGRAFIA

Mostra tre stili (personalizzato, moderno e arrotondato) e quattro scritture diverse (arabo, arabo indicativo, devanagari e romano).

INFOGRAFICA / INFOGRAFICA MODULARE

Si tratta di un quadrante esclusivo dell'Apple Watch Series 4, che fornisce una serie di informazioni al polso: tempo di permanenza in un'altra città, indice UVI, meteo e così via.

Se avete aggiornato il vostro orologio o ne avete uno nuovo, potreste essere un po' sorpresi nel vedere che ora il quadrante è in B&N. Non c'è da preoccuparsi! Il colore c'è ancora ed è una soluzione rapida: basta tenere premuto, selezionare Personalizza, quindi usare la corona digitale per scorrere su Multicolore e premere due volte la corona digitale. per scorrere fino a Multicolore, quindi premere due volte la corona digitale.

CALEIDOSCOPIO

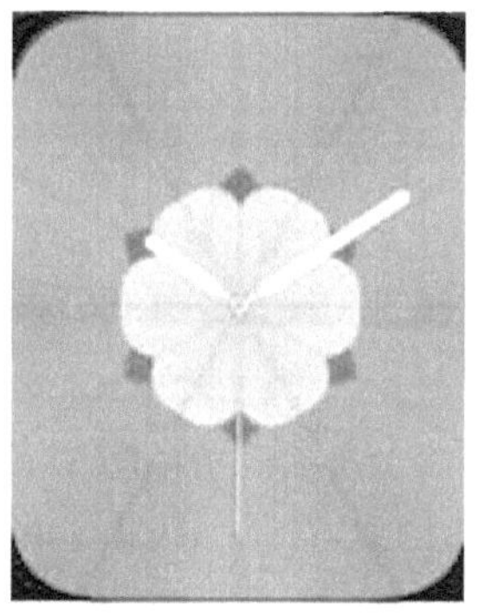

Il volto cambia schema in base alle preferenze dell'utente.

METALLO LIQUIDO

Si anima di metallo fuso ogni volta che si solleva il polso.

PRIDE / PRIDE ANALOGICO

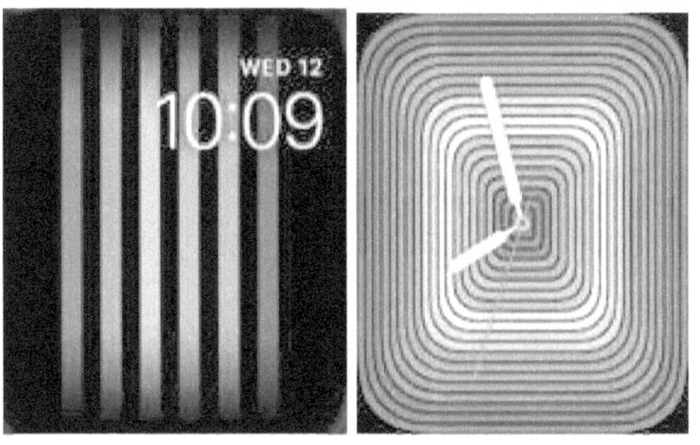

La celebrazione dei colori del Pride è da tempo un aspetto dell'Apple Watch; a partire da OS 6 e fino a OS 7, è stato incluso un nuovo quadrante analogico.

ASTRONOMIA

Gli appassionati di spazio si rallegreranno di questa faccia! È possibile impostare la faccia in modo che mostri la luna, la Terra o il sistema solare.

Questo quadrante mostra l'esatta posizione dei diversi pianeti e visualizza giorno, data e ora.

Lunare

Lunar mostra i calendari lunari utilizzati in Cina, Islam, Ebraismo e altre culture.

Tempo di gioco

Playtime crea una rappresentazione animata e giocosa dei numeri sul quadrante dell'orologio. È possibile ruotare la Digital Crown e vedere i cambiamenti dello sfondo e i coriandoli che cadono; i personaggi reagiscono anche quando li si tocca.

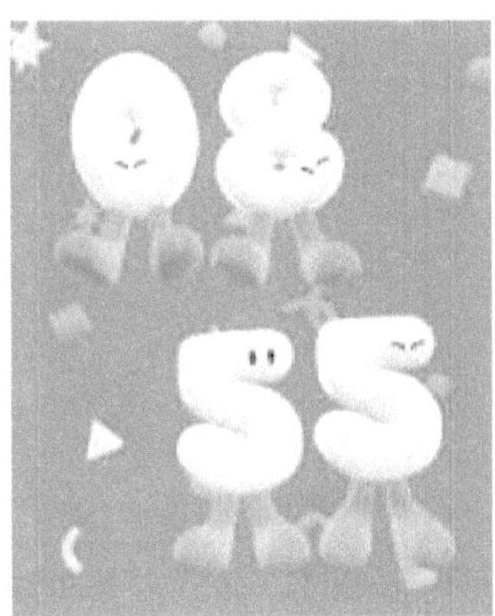

Metropolitana

Vi sentite un po' classici? Provate il quadrante Metropolitan. Quando si ruota la corona digitale, lo stile cambia.

CRONOGRAFO (PRO)

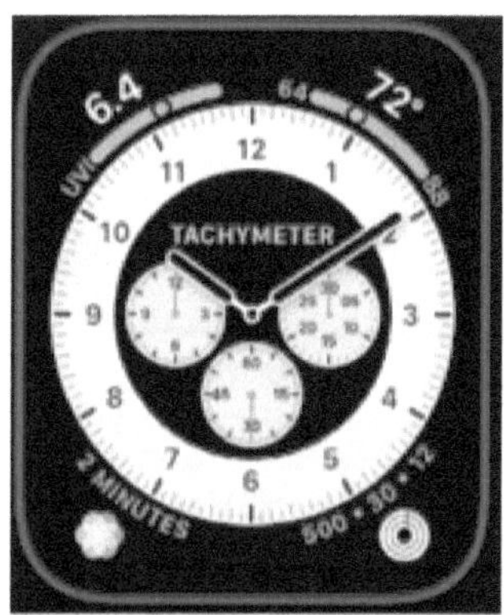

Un quadrante molto preciso e classico che include un cronometro attivabile dal quadrante. È possibile regolare i dettagli del quadrante e il colore del quadrante. È inoltre possibile aggiungere al quadrante i seguenti elementi: data, fasi lunari, alba/tramonto, calendario, meteo, azioni, riepilogo delle attività, sveglia, timer, carica della batteria e orologio mondiale.

Colore

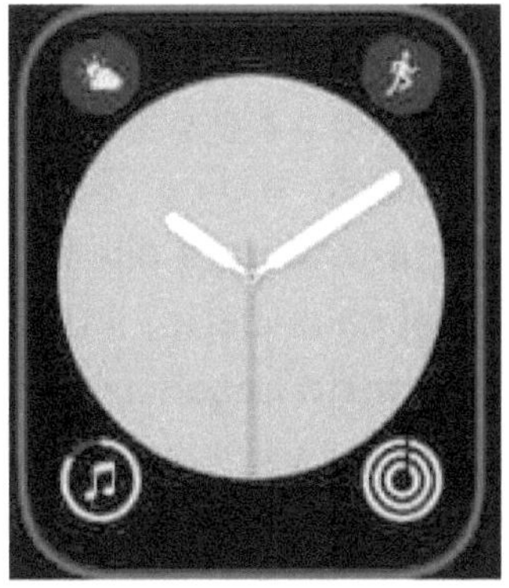

Un quadrante molto semplice la cui caratteristica principale è quella di cambiare colore. È possibile regolare il colore del quadrante. È possibile aggiungere al quadrante: data, fasi lunari, alba/tramonto, meteo, riepilogo attività, cronometro, timer, carica della batteria, orologio mondiale e monogramma.

Siri

Il quadrante di Siri non ha l'aspetto che ci si aspetterebbe; si pensa a Siri e si pensa a quelle onde che appaiono quando si dice "Ehi Siri"; il quadrante dell'orologio dà un'occhiata alla giornata (come gli appuntamenti del calendario, il traffico e il meteo) e la visualizza in modo organizzato; si può ruotare la corona digitale per vedere altri eventi. per visualizzare altri eventi.

Snoopy

Indovinate un po'? Il cane più famoso del mondo, Snoopy, arriva sull'Apple Watch! Questo quadrante è dedicato a Snoopy che si diverte con il suo amico Woodstock. Potrete vederli divertirsi proprio sul vostro polso! In più, c'è la simpatica impostazione "Sunday Surprise": basta accenderla e ogni domenica lo sfondo cambia colore, per dare un tocco alle strisce a fumetti della domenica. Non è divertente?

Tavolozza

Ecco Palette! Questo quadrante dell'orologio dà vita ai colori, con tonalità dinamiche che illuminano diversi elementi e sfumature che danzano con il movimento della lancetta dei secondi. Immaginate questo: un orologio analogico al centro, con quattro pratiche funzioni - Allenamento, Waypoint auto parcheggiata, Timer e Musica - disposte intorno ad esso. E indovinate un po'? È possibile giocare con i colori! Inoltre, è dotato di una serie di utili complicazioni come Attività, Allarmi, Meteo e persino Walkie-Talkie! Quindi, avete un sacco di opzioni per personalizzarlo! Bello, vero?

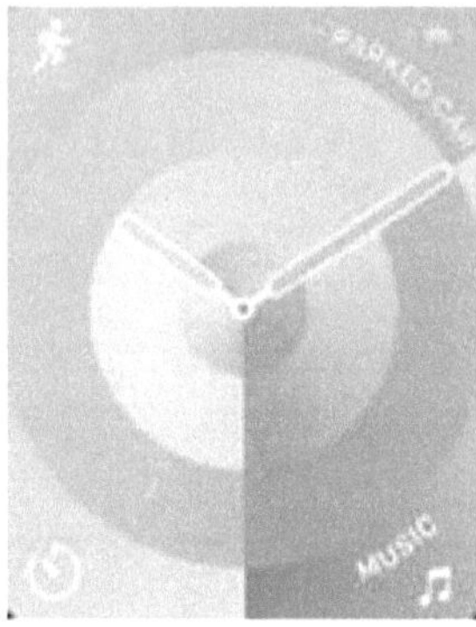

Solare analogico

Scopri il Solar Analog! Questo quadrante è come una piccola fetta di giornata al polso, con luci e ombre che si muovono in base alla posizione del sole. La data è in alto e i messaggi possono essere controllati in basso. Volete un po' di personalizzazione? Giocate con il colore, lo stile e la luce per adattarlo alla vostra atmosfera! E poi c'è il bello: è ricco di funzioni utili, dalle attività agli allarmi, dal meteo all'allenamento, fino al walkie-talkie! È come avere una mini agenda al polso!

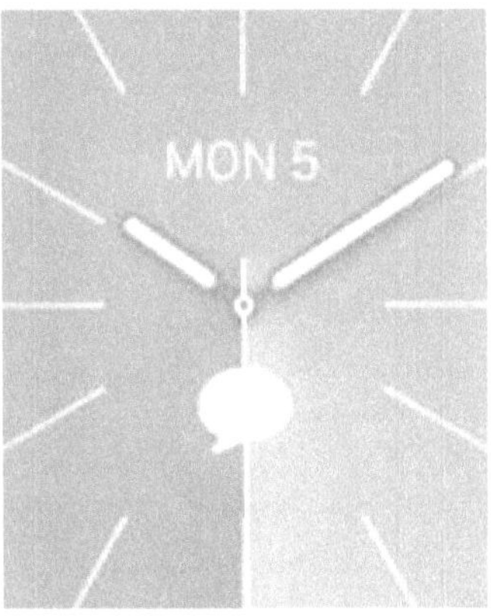

Nike Globe

Ecco Nike Globe! Questo quadrante dell'orologio emana vibrazioni fantascientifiche retrò e consente di avere fino a quattro complicazioni. Immaginate di avere al centro un orologio digitale e, intorno, Workout, Waypoint auto parcheggiata, Timer e Musica! Volete mescolare le cose? Giocate pure con i colori! E non si tratta solo di estetica: Nike Globe è dotato di ogni tipo di funzionalità! Che siate appassionati di corsa con Nike Run Club, che vogliate tenere sotto controllo la vostra salute o semplicemente trovare l'auto parcheggiata, questo quadrante dell'orologio vi copre! È come un piccolo centro di comando, proprio al vostro polso!

Modulare Ultra

(Disponibile solo sui dispositivi Apple Watch Ultra)
Ecco il Modular Ultra! Immaginate di avere un quadrante che offre sette complicazioni e sei fantastici layout dell'ora. Con una grande complicazione al centro, è facile dare un'occhiata a informazioni importanti come la direzione della bussola o il cronometro. Volete di più? I dati sulla profondità o sull'altitudine in tempo reale e i secondi che scorrono sui bordi. Non dimenticate l'elegante versione notturna che passa alla luce rossa, mantenendo intatta la vostra visione notturna! Informazioni sull'altitudine su entrambi i lati, complicazioni pratiche come la musica e la bussola in alto, un orologio digitale un po' più in basso e altre chicche come le fasi lunari e l'ora mondiale in basso, con l'altitudine attuale in fondo. Avete voglia di cambiare? Modificate il colore, lo stile e la modalità notturna a vostro piacimento! Questo quadrante è come avere un mini cruscotto al polso, con tutto

ciò che serve, dal monitoraggio della salute alle scorciatoie e agli aggiornamenti meteo.

QUADRANTE SOLARE

Questo quadrante è caratterizzato da un quadrante di 24 ore che segue il sole; il quadrante (analogico o digitale) si muove in senso opposto al percorso del sole.

Timelapse

Offre video in time-lapse che passano da mattina, pomeriggio e sera con il passare del tempo (è possibile utilizzare la Digital Crown per spostarli); è possibile scegliere tra paesaggi naturali e urbani. per spostarla); è possibile scegliere tra paesaggi naturali e paesaggi urbani. In questo momento, i paesaggi includono: Mack Lake, New York, Hong Kong, Londra, Parigi e Shanghai.

Tempo del mondo

Volete mantenere la classe? Il World Time Face potrebbe fare al caso vostro. Consente di tenere traccia dell'ora in tutti e 24 i fusi orari contemporaneamente. Sembra un po' affollato, vero? Forse, ma hanno trovato il modo di farlo funzionare e di farlo apparire splendido.

FOTO

Il miglior quadrante dell'orologio per ultimo, secondo molti: le foto. Foto consente di visualizzare una presentazione di foto e l'ora. Così, ogni volta che si solleva il polso, ci si aspetta qualcosa di nuovo. Le foto dal vivo hanno persino delle animazioni!

Per aggiungere questo quadrante, scorrere il dito verso sinistra su tutti i quadranti dell'orologio, quindi toccare Nuovo.

Ora scorrere fino a Foto e toccare una volta.

Se si desidera mostrare solo una foto in particolare, aprire l'app Foto sull'orologio.

Scorrere fino alla foto desiderata. Nella foto qui sotto, nell'angolo in basso a destra è presente un'icona di un cerchio con dei puntini, che indica che la foto è una foto live e sarà animata come un quadrante di Apple Watch.

Una volta che è sullo schermo, premere con decisione. Verrà visualizzata un'opzione per renderlo il quadrante dell'orologio.

È possibile creare un quadrante normale o astratto (caleidoscopio).

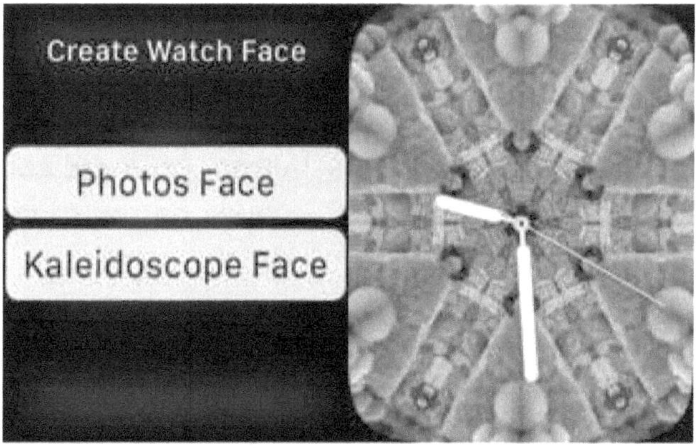

Se si desidera rimuovere un quadrante dell'orologio, basta andare a cambiare il quadrante come si fa normalmente e passare il dito verso l'alto.

Volto dell'orologio ritratto

Il ritratto è uno dei migliori stili fotografici dell'iPhone e può essere applicato anche all'orologio. L'aspetto davvero intuitivo di questo quadrante è che non si tratta solo di una foto, ma di una versione dinamica della foto. Ruotando la corona digitale si possono osservare gli strati della foto.

L'avvio è leggermente diverso da quello della maggior parte delle Watch Face, perché non si fa esattamente sull'orologio. Quando si accede alla Face, viene mostrata un'anteprima, ma viene richiesto di andare sul telefono per farlo.

Aprire l'iPhone, andare all'app Watch, quindi alla Galleria dei volti. Selezionate Ritratti e vedrete che ancora una volta non potete aggiungerlo. Questa volta il messaggio dirà che è necessario aggiungere delle immagini. Toccare per scegliere le immagini, quindi iniziare a selezionare le foto del ritratto che si desidera sul volto.

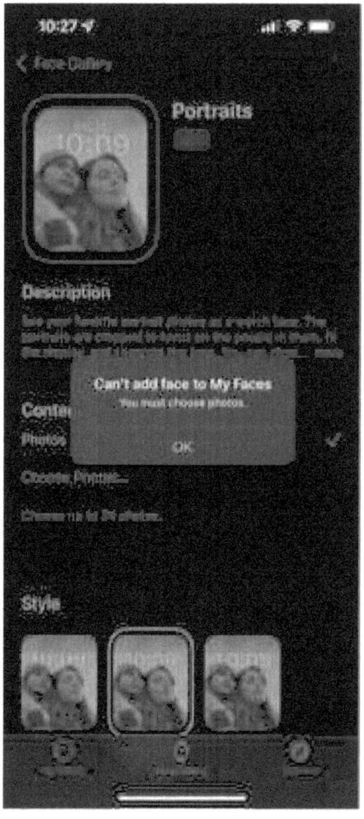

È possibile creare lo stile che si desidera. Quando siete pronti, toccate il pulsante Aggiungi.

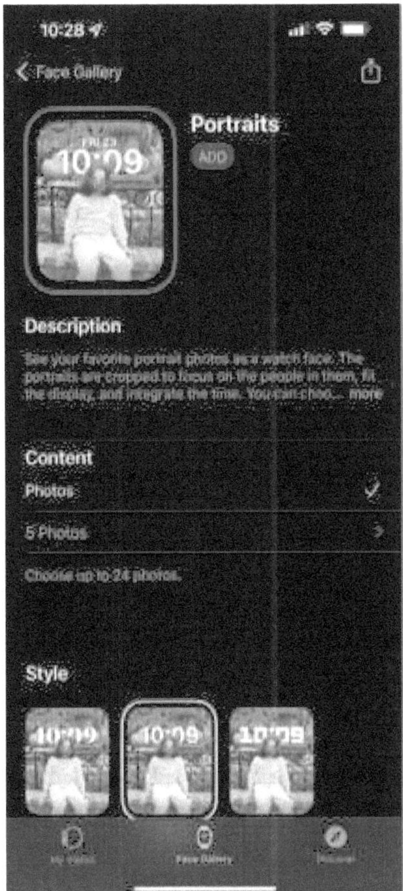

Ora è possibile accedere al proprio orologio e visualizzarlo e modificarlo.

Modifica di un quadrante di orologio

Ogni quadrante dell'orologio presenta personalizzazioni diverse: alcuni possono essere modificati solo in minima parte, mentre altri hanno decine di funzioni.

Per modificare un volto, toccarlo e tenerlo premuto per tre secondi, quindi selezionare Modifica.

A titolo di esempio, mostrerò un volto Memoji solo perché qui si possono fare molte modifiche.

Notate che sul lato destro c'è un piccolo scorrimento? È possibile trascinare verso l'alto o verso il basso e cambiare il carattere Memoji.

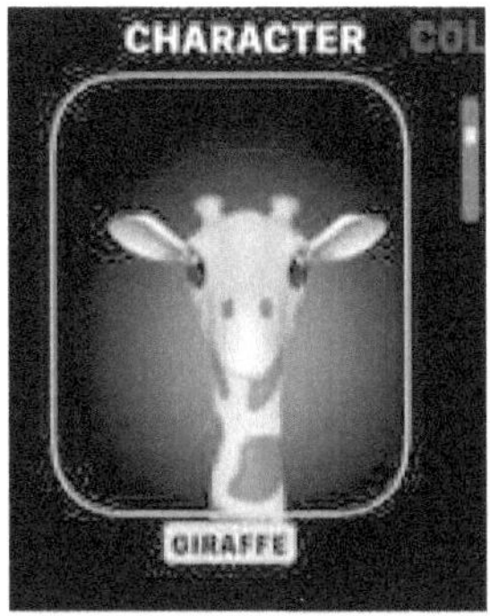

Una volta trovato il carattere desiderato, è possibile trascinare una volta verso destra per accedere al menu Colore. Ora è possibile selezionare un colore di sfondo sul lato destro.

Passando di nuovo il dito verso destra, si vedranno le complicazioni disponibili. Non tutte le complicazioni sono disponibili su questo quadrante.

Una volta soddisfatti delle modifiche apportate, è possibile premere la Digital Crown per salvarle.

Condividere un quadrante di orologio

Se avete passato diversi minuti a creare un quadrante per l'orologio, probabilmente ne siete piuttosto orgogliosi, vero?! Perché non condividerlo?

Per condividere, premere il volto per tre secondi per visualizzare il menu delle opzioni, quindi toccare il pulsante di condivisione a sinistra del pulsante Modifica.

Una volta toccato Condividi, apparirà un Messaggio; toccare Aggiungi contatto per selezionare la persona con cui condividerlo. In Crea messaggio è possibile scrivere un messaggio o lasciarlo vuoto.

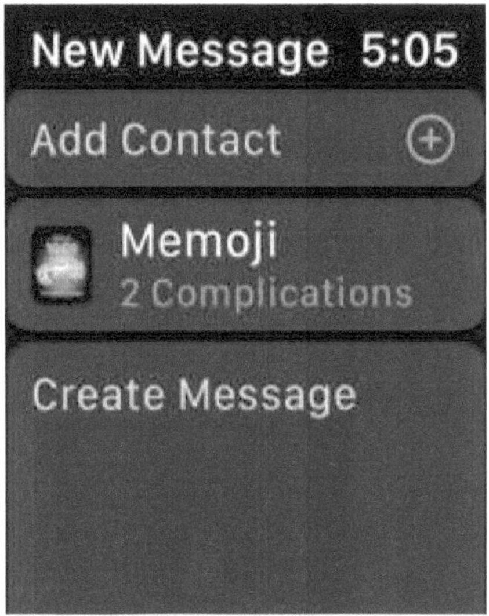

Una volta soddisfatti, scorrere verso il basso e toccare Invia.

Trovare un quadrante di orologio

Se si desidera aggiungere un nuovo volto che non è presente nell'elenco dei volti, si hanno due opzioni.

Se si conosce il nome del quadrante, accedere all'App Store sull'orologio e cercarlo.

La seconda opzione consiste nell'andare sul sito web in cui si trova il volto e toccare Aggiungi all'orologio.

Rimozione un quadrante di orologio

Quando si iniziano ad aggiungere facce, ci si accorge di averne troppe e di impiegare troppo tempo per passare da una all'altra.

È possibile rimuovere rapidamente un quadrante tenendo premuto sul quadrante dell'orologio, passando il dito sul quadrante che si desidera rimuovere e quindi scorrendo verso l'alto. Verrà visualizzata una conferma della rimozione del quadrante. È sufficiente toccare "Rimuovi" per rimuoverlo.

Apportare modifiche all'iPhone

Abbiamo visto come cambiare un volto sull'Apple Watch; è piuttosto facile. Ma è anche piuttosto piccolo. Se vi sembra difficile, c'è una seconda opzione: usare l'iPhone.

Quando aprite l'app Apple Watch, vedrete tutte le vostre watch face in alto. È possibile scorrere a sinistra e a destra come sull'orologio.

Se si desidera modificare il quadrante, è sufficiente toccarlo una volta. Tutte le modifiche che si possono apportare all'orologio sono qui, ma sono un po' più facili da vedere perché c'è più spazio sullo schermo.

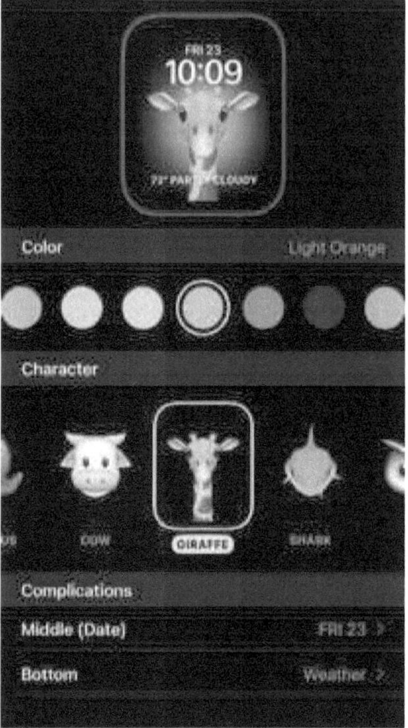

Una volta apportate le modifiche, è sufficiente scorrere verso il basso e toccare Imposta come quadrante corrente dell'orologio (sempre che non sia già il quadrante dell'orologio); le modifiche vengono sincronizzate automaticamente.

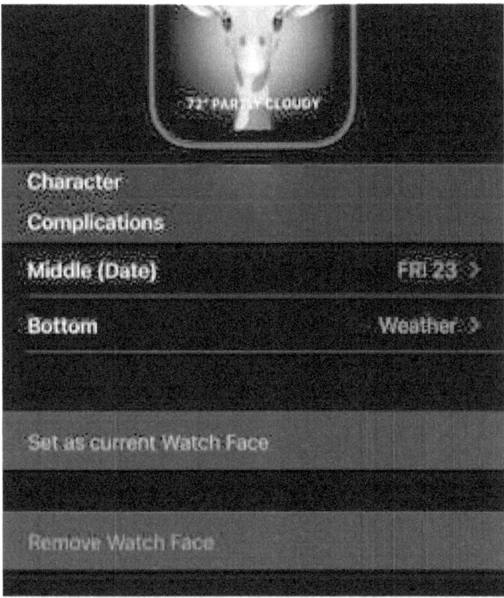

È anche possibile condividere il quadrante dell'orologio direttamente dal telefono. È sufficiente toccare il quadrante che si desidera condividere e toccare il pulsante di condivisione nell'angolo in alto a destra.

Si aprirà un menu a tendina che chiederà come si desidera condividerlo: si può inviare per e-mail, per Slack, per SMS o altro ancora.

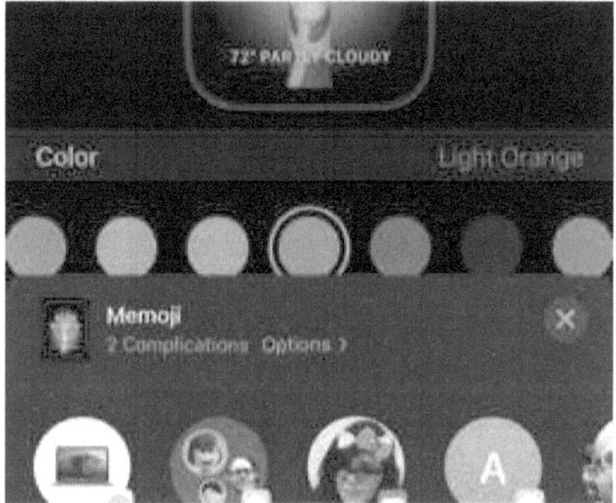

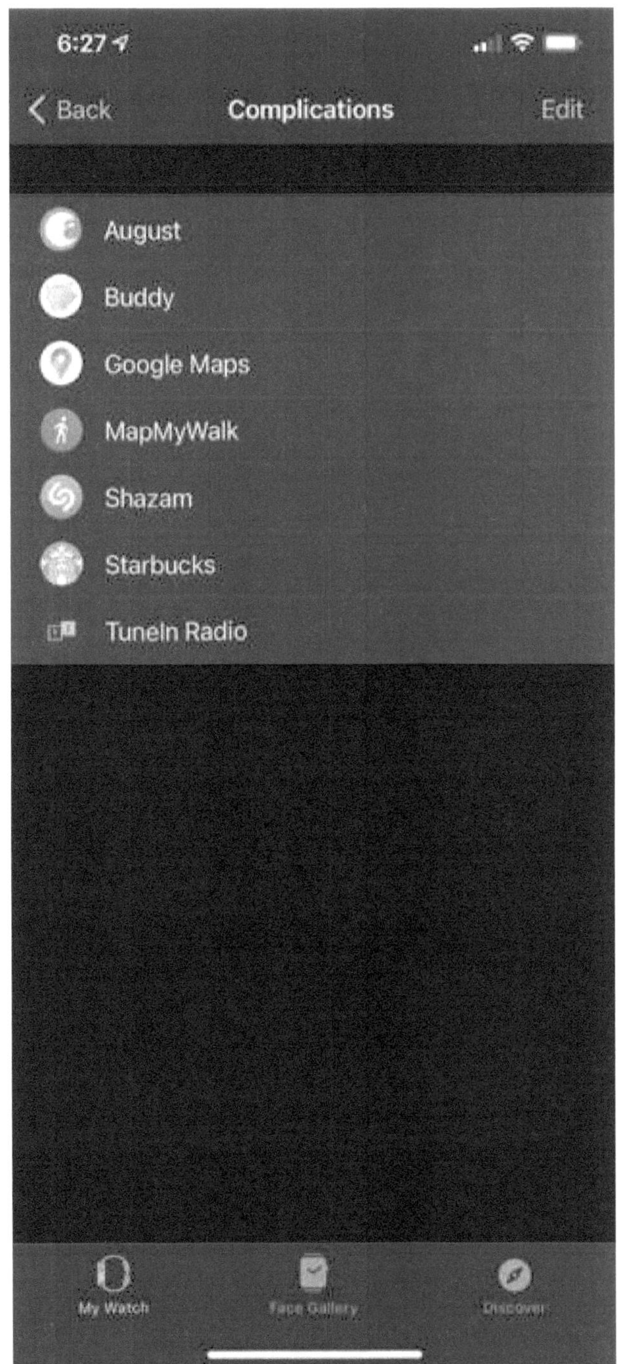

6:27

Back   Complications   Edit

August

Buddy

Google Maps

MapMyWalk

Shazam

Starbucks

TuneIn Radio

My Watch   Face Gallery   Discover

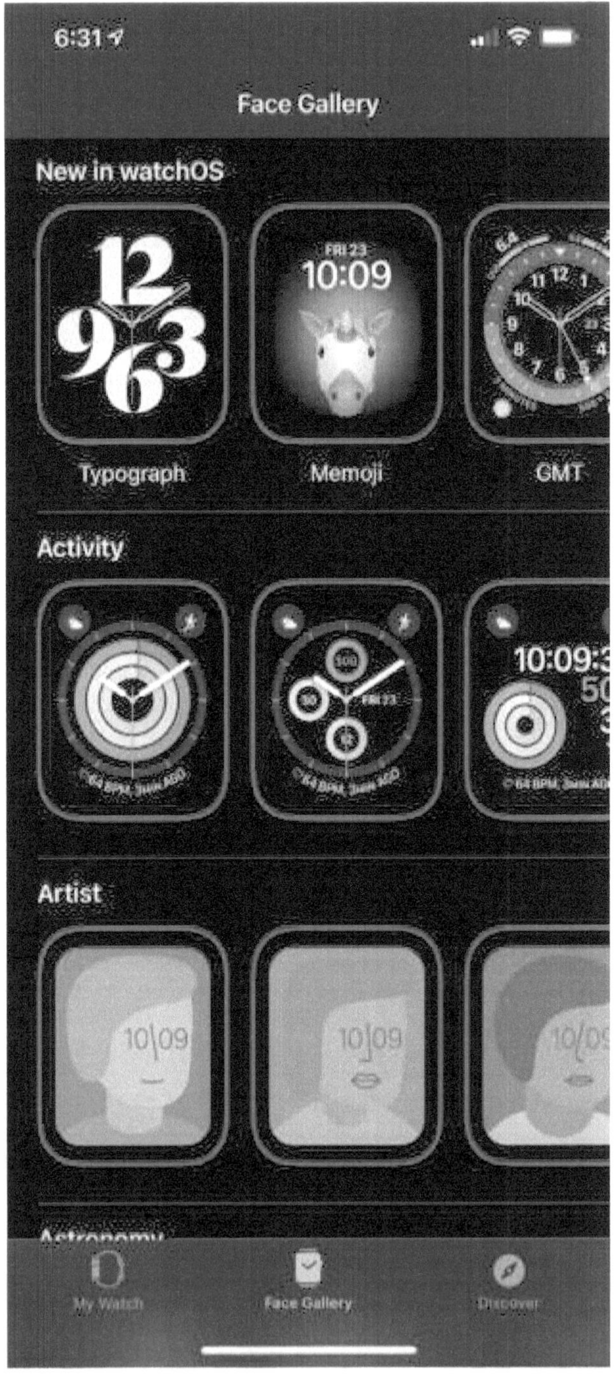

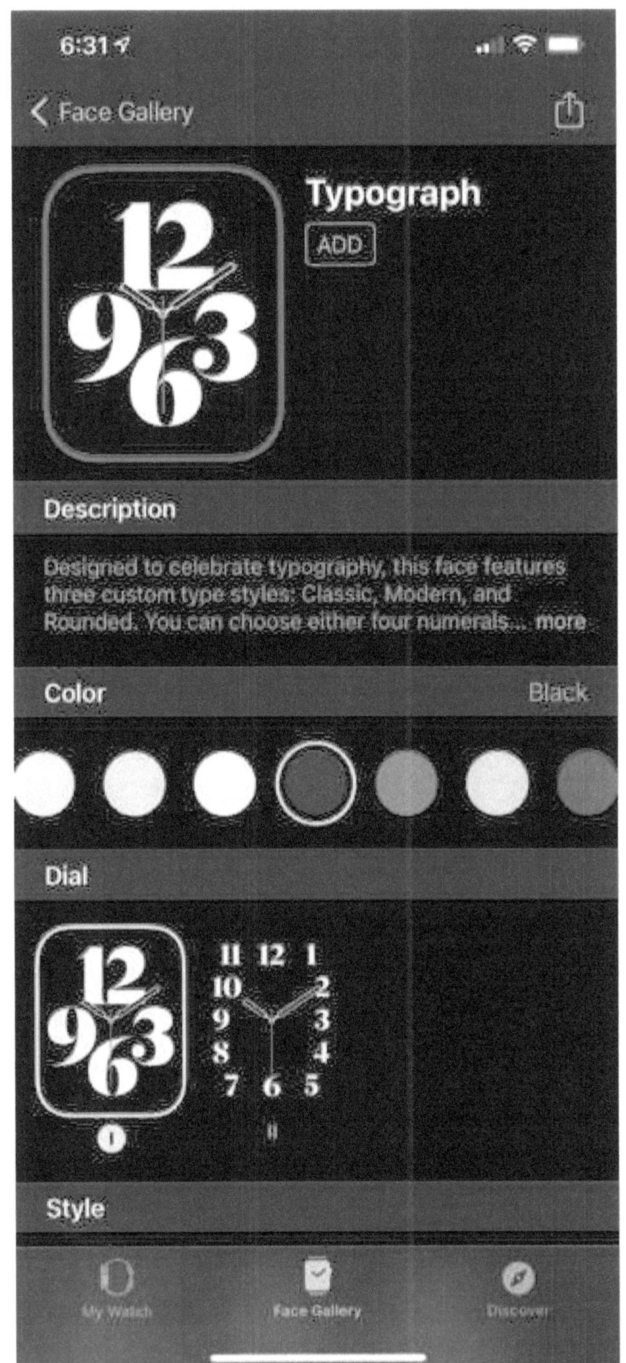

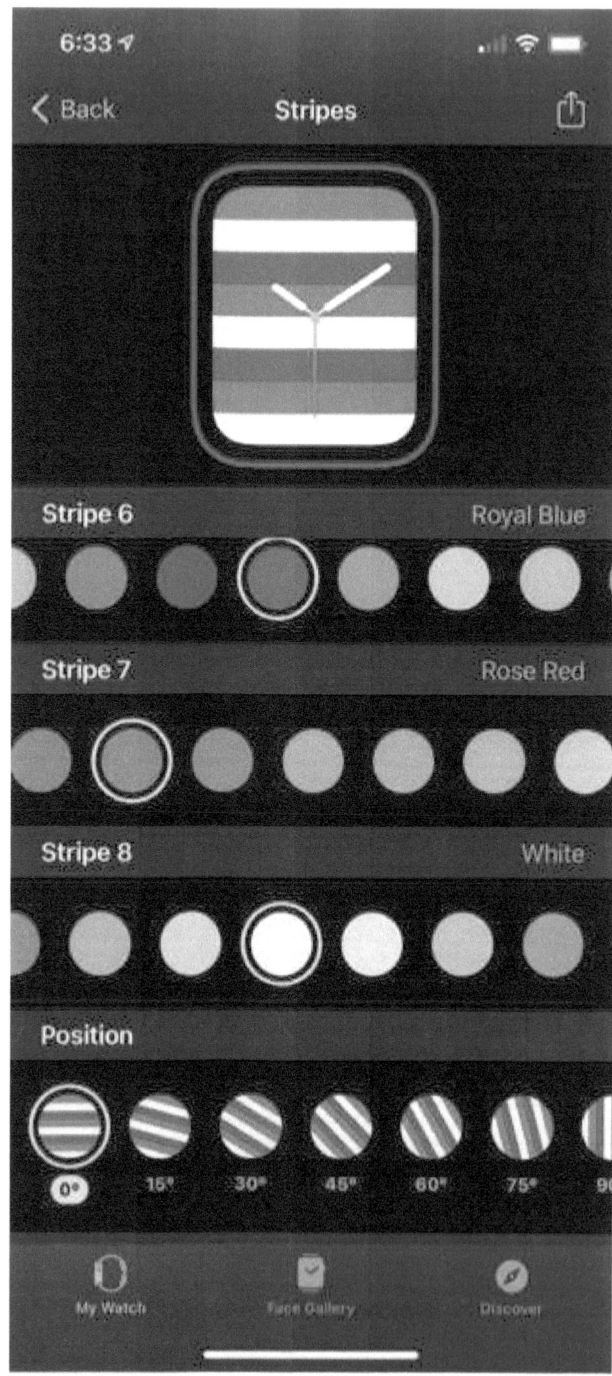

6:33
Back
Stripes
Stripe 6
Royal Blue
Stripe 7
Rose Red
Stripe 8
White
Position
0°
15°
30°
45°
60°
75°
90
My Watch
Face Gallery
Discover

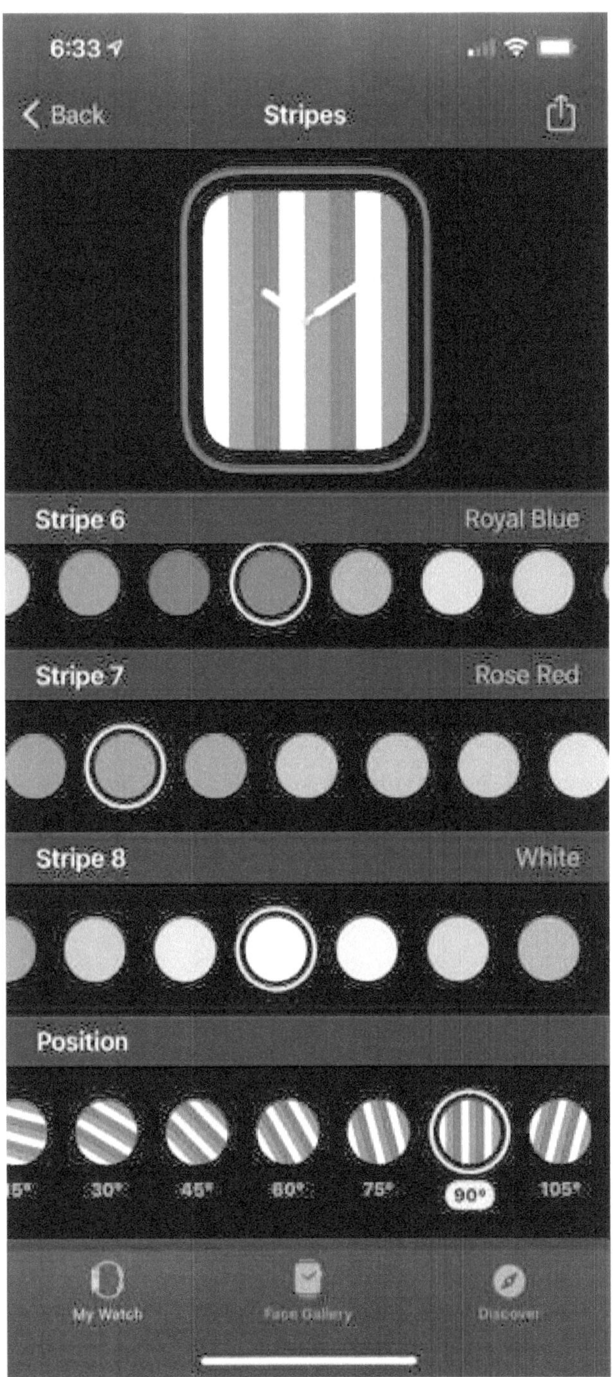

[7]

COS'ALTRO PUÒ FARE L'OROLOGIO?

Questo capitolo tratta di:
*   Creare un Memoji
*   Invio/ricezione di messaggi
*   Lettura/invio di e-mail
*   Utilizzo di Siri
*   Effettuare telefonate
*   Lavarsi le mani
*   Aggiunta di eventi del calendario
*   Impostazione dei promemoria
*   Utilizzo della mappa
*   Utilizzo di foto
*   Ascoltare la musica
*   Guardare il meteo
*   Impostazione di allarmi e timer
*   Utilizzo dell'Apple Watch con l'Apple TV
*   Utilizzare l'Apple Watch come walkie-talkie

Memoji

Se non avete mai creato una Memoji sul vostro telefono, vi state perdendo qualcosa. Sono divertenti e meglio mostrate che spiegate. In parole povere, però, sono avatar che potete inviare per esprimere voi stessi.

Ora è possibile creare un Memoji direttamente sull'orologio. Per iniziare, aprire l'app Memoji.

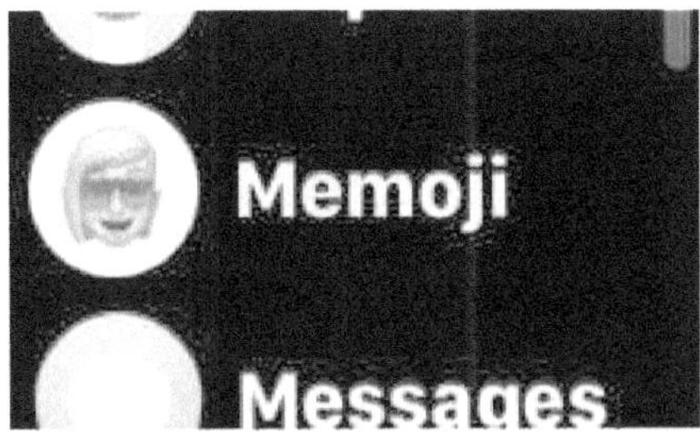

Se avete già delle Memojisul telefono, le vedrete qui. È possibile toccarli per modificarli. Per creare un nuovo Memoji, toccare la grande icona +.

La prima cosa che vedrete è un'icona di calvizie. È possibile scorrere un elenco piuttosto lungo di cose che si possono cambiare: pelle, acconciatura, sopracciglia, occhi, testa, naso, bocca, orecchie, peli del viso, occhiali e copricapo.

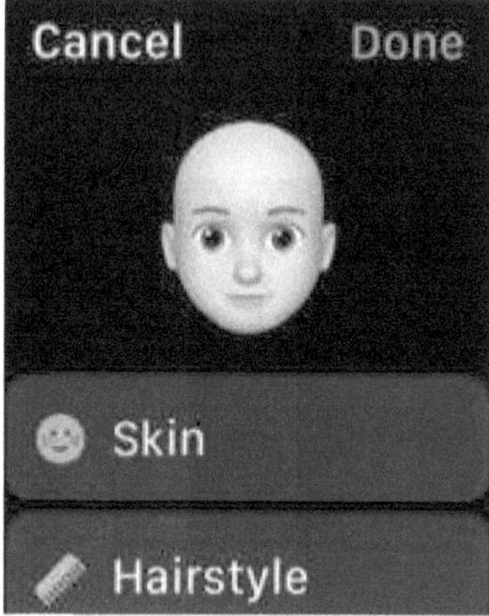

Ogni elemento selezionato avrà dei sottomenu per ulteriori modifiche. Nell'esempio qui sotto, noterete che c'è scritto "Colore" e accanto c'è scritto Lentiggini? Basta scorrere orizzontalmente per passare al sottomenu successivo.

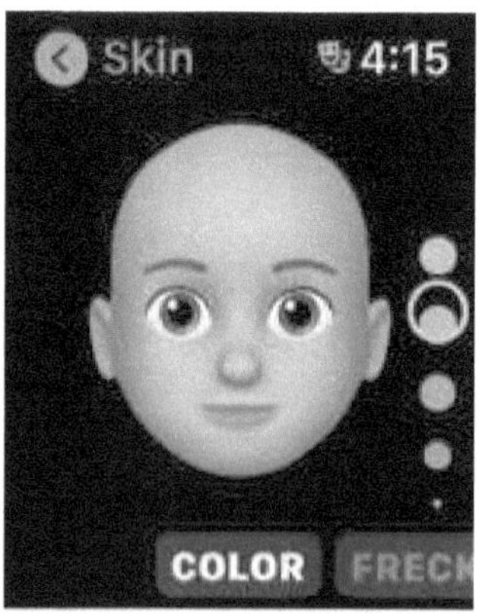

Alla voce copricapo, è possibile anche selezionare se si desidera che il Memoji indossi una copertura per il viso.

Al termine, selezionare Fatto. Se si decide di cambiare qualcosa in un secondo momento, basta toccare l'Emoji e selezionare dal menu ciò che si desidera modificare.

Creare un Memoji Volto dell'orologio

È anche possibile utilizzare i Memoji come quadrante dell'orologio. Basta andare nell'app Memoji, toccare il Memoji che si desidera utilizzare come quadrante dell'orologio e selezionare "Crea quadrante".."

Una volta creato, avrà un aspetto simile a quello sottostante; ogni volta che si solleva il polso, avrà un'espressione diversa.

Eliminazione di un Memoji

Se si desidera eliminare un Memojiè sufficiente aprire l'app Memoji, toccare l'avatar che si desidera eliminare, scorrere fino in fondo e toccare Elimina.

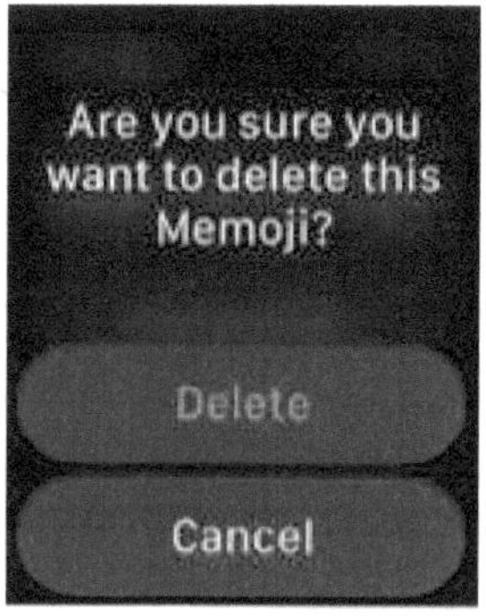

Utilizzo di Memoji in un messaggio

Tratterò di Messaggi nella prossima sezione, ma molto rapidamente, vorrei sottolineare che ora è possibile utilizzare qualsiasi Memoji create in un messaggio.

Per farlo, aprite l'app Messaggi, quindi toccate il pulsante Memoji quando si risponde.

Verrà visualizzato un elenco di tutti i Memoji . Toccare l'avatar che si desidera utilizzare.

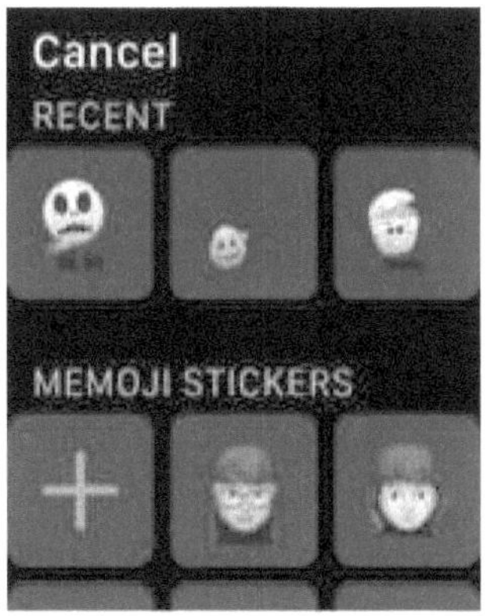

Quindi, toccare il tipo di espressione che si desidera applicare.

Vedrete le Memoji nelle risposte ai messaggi.

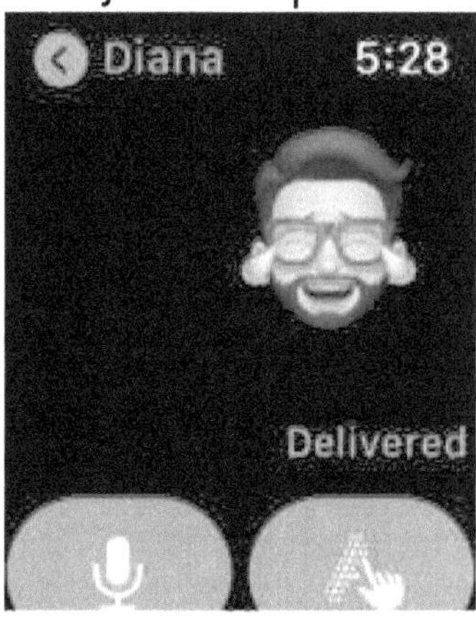

Utilizzo di Memoji su iPhone

Una volta creato un Memoji degna di una galleria d'arte, come si fa a usarla sul telefono? Semplice! Aprite l'app Messaggi: è già lì! Si sincronizza automaticamente.

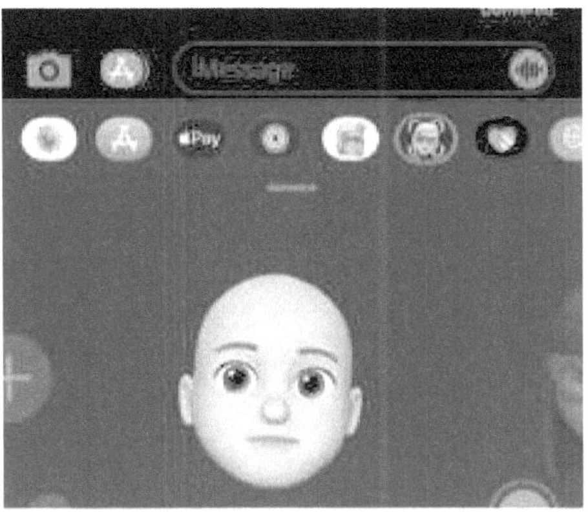

Messaggi

La prima cosa da sapere su Messages è che non è il posto dove scrivere un biglietto d'amore epico. È il luogo in cui inviare risposte rapide. Tecnicamente si potrebbe fare qualcosa di più grande, ma il tempo e lo sforzo necessari lo rendono piuttosto infruttuoso.

Per iniziare un nuovo messaggio, andare alla schermata iniziale dell'orologio e aprire l'app Messaggi. e aprire l'applicazione Messaggi. Quindi selezionare Nuovo messaggio.

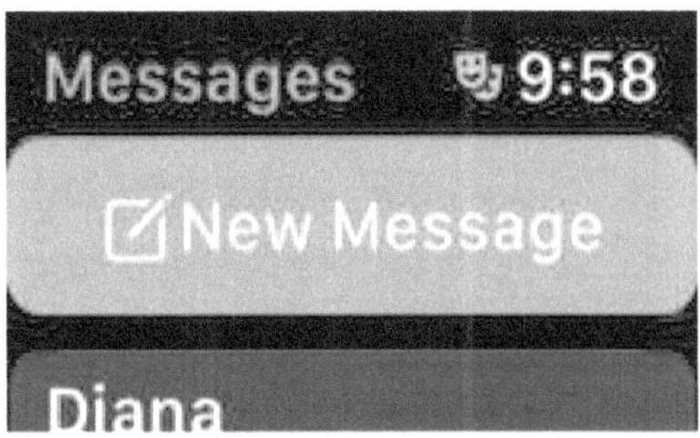

Da qui, toccare Aggiungi un contatto. Una volta scelto il contatto, toccare Crea messaggio.

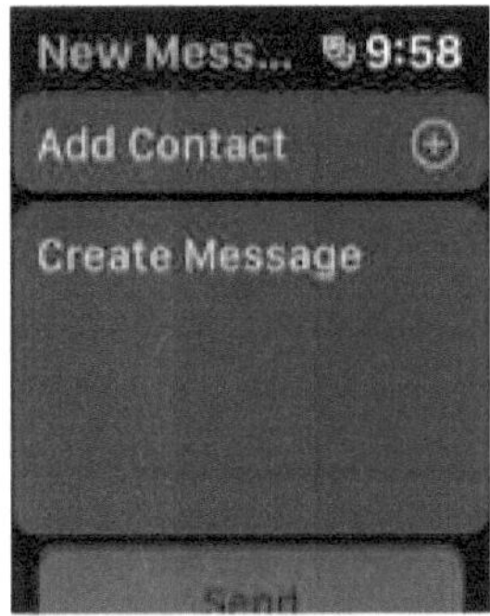

Ci sono diversi modi per creare un messaggio. Il primo è dettarlo. Quando lo si detta, il sistema ascolta ciò che si dice e lo trascrive, non sempre in modo accurato (soprattutto se è rumoroso).

Il secondo modo è scarabocchiarlo. Quando si scarabocchia, si scrivono le lettere una alla volta. Se si desidera cambiare una lettera, è possibile cancellarla o toccarla per scorrere altre opzioni.

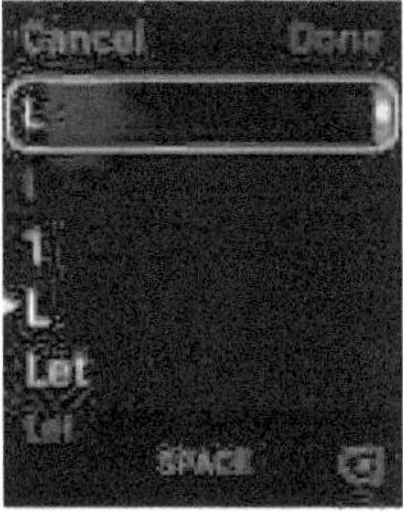

Il prossimo è il messaggio con tap (l'icona con il cuore e il dito). Questa funzione è utile se si cerca di attirare l'attenzione di un'altra persona che indossa un Apple Watch. Il destinatario percepisce la vibrazione del tocco che gli inviate.

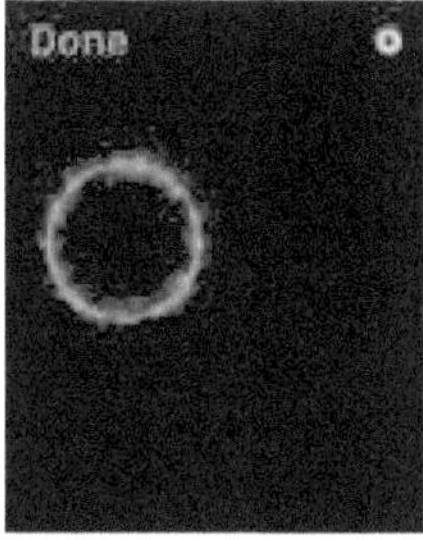

È anche possibile inviare emoji e Memoji's.

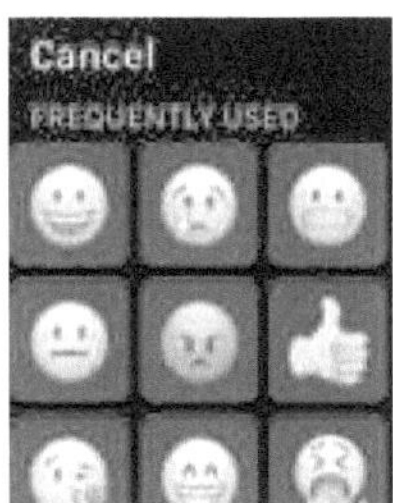

Sotto i cinque modi per creare messaggi ci sono frasi comuni. Toccate una di esse e la aggiungerete al messaggio.

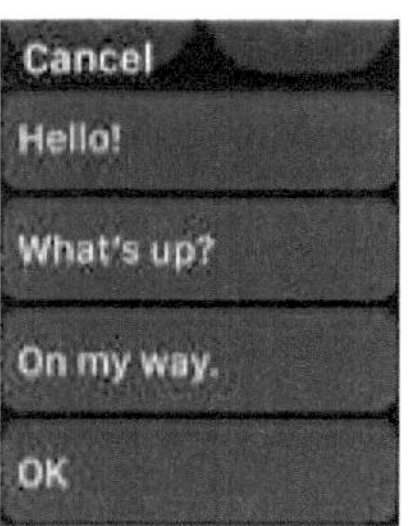

Quando si riceve un messaggio, l'Apple Watch vi tocca. Muovendo la mano verso di voi, il messaggio apparirà automaticamente; una volta abbassata la mano, si spegnerà di nuovo. Utilizzare la manopola laterale dell'orologio per scorrere il messaggio. Per rispondere avrete a disposizione gli stessi metodi che avete usato quando vi ho mostrato come scrivere un messaggio (sopra).

La differenza più grande è che Apple Pay è un'opzione ora. Apple Pay consente di inviare denaro a qualcuno. Quindi, se siete a pranzo con un amico, potete pagare la vostra parte di conto direttamente dall'orologio.

Se non è necessaria una risposta, premere il pulsante Dismiss anziché il pulsante Reply.

Se non si ricevono messaggi sull'orologio, è probabile che un'impostazione non sia abilitata; è possibile modificare le impostazioni di Messaggi dall'app Apple Watch sull'iPhone.

Correggere gli errori di battitura

Digitare sul piccolo schermo non è un'esperienza ottimale; è un bene quando non si ha il telefono a portata di mano, ma può comunque essere frustrante. Questo può essere particolarmente vero quando si cerca di correggere un errore di battitura. Cercare di toccare esattamente il punto in cui si desidera correggere l'errore non è sempre preciso. Ruotando la corona digitale è possibile scorrere fino al punto da correggere con maggiore facilità.

Tastiera completa

Uno dei maggiori vantaggi dell'Apple Watch Series 7 e successivi rispetto ai dispositivi più vecchi è la tastiera a grandezza naturale. Non è più necessario dettare quello che si vuole dire. La tastiera ha lo stesso aspetto di quella di un dispositivo di grandi dimensioni. È ancora un po' ingombrante da usare, ma la superficie dello schermo in più è molto utile. Supporta anche QuickPath, che consente di scorrere da una lettera all'altra senza sollevare il dito, e può prevedere la parola che si sta per digitare.

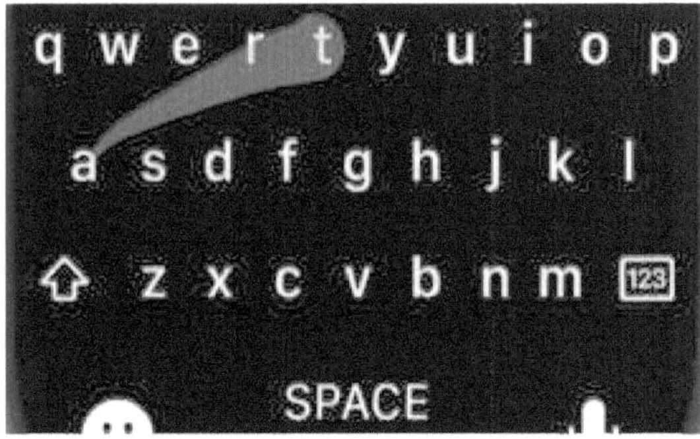

LETTURA E INVIO DI E-MAIL

Quando si riceve la posta, si riceve una notifica; ma c'è anche un'applicazione per leggere e gestire la posta elettronica. Come nell'iPhone, l'applicazione per la posta elettronica si chiama semplicemente "Mail".

Per iniziare, andare all'app nella schermata Home e toccarla. Sembra piuttosto spoglia, ma ha molto da offrire. È possibile scorrere i messaggi dall'interno dell'app. Per leggere un messaggio, toccarlo.

In qualsiasi momento, è possibile continuare a leggere il messaggio sull'iPhone passando il dito sull'icona della posta nell'angolo in basso a sinistra della schermata di blocco dell'iPhone. (Nota: la funzione handoff deve essere impostata, quindi, se non l'avete ancora fatto, fate riferimento a come impostare la funzione handoff in questo libro).

Anche se l'Apple Watch supporta i formati HTML (compresi i diversi font e colori dei caratteri), l'aspetto potrebbe risultare un po' strano, quindi per i messaggi complessi l'iPhone è il posto migliore per leggerli.

Se il messaggio è lungo, è possibile utilizzare la manopola della corona digitale per scorrerlo. per scorrere il messaggio.

Quando un messaggio contiene numeri di telefono o indirizzi, l'orologio li riconosce automaticamente e li trasforma in collegamenti ipertestuali. Toccandoli si aprirà l'applicazione Telefono o Mappa (a seconda del collegamento ipertestuale).

Per rispondere a un'e-mail, è necessario utilizzare l'iPhone per comporla.

GESTIONE DELLA POSTA

CONTRASSEGNARE UN'E-MAIL

Quando si legge un'e-mail sull'orologio, è possibile premere con decisione sul display e toccare Bandiera. È anche possibile contrassegnare un messaggio dall'elenco dei messaggi facendo scorrere il messaggio verso sinistra, quindi toccando Altro.

SEGNA COME NON LETTO

Per contrassegnare un messaggio come non letto, accedere all'elenco dei messaggi, scorrere verso sinistra, toccare Altro, quindi toccare Non letto.

CANCELLARE UN'E-MAIL

Se si desidera eliminare un messaggio, andare all'elenco dei messaggi, scorrere verso sinistra, toccare Altro e quindi toccare Cestino.. (Nota: se l'e-mail è impostata per archiviare un messaggio, verrà visualizzato il pulsante Archivia invece del pulsante Cestino).

SELEZIONE DELLE CASELLE DI POSTA ELETTRONICA VISUALIZZATE

Potreste non volere che tutta la vostra posta appaia sul vostro orologio. Supponiamo che abbiate un'e-mail di lavoro, un'e-mail di famiglia e un'e-mail di spam e che vogliate far comparire solo l'e-mail di famiglia. In questo caso, accedete all'app Apple Watch sull'iPhone, toccate Il mio orologio, quindi andate su Posta e Includi posta. Specificate quale casella di posta elettronica volete che appaia o meno.

PERSONALIZZARE GLI AVVISI

Se si desidera cambiare il modo in cui si viene avvisati quando si riceve la posta (o se non si desidera alcun avviso), accedere all'app Apple Watch sull'iPhone e toccare Il mio orologio, quindi attivare Avvisi posta e Mostra avvisi. "Suono" sono gli avvisi che emettono un suono e "aptico" sono gli avvisi che vibrano.

ELENCO DEI MESSAGGI

Se l'elenco dei messaggi di posta elettronica è troppo lungo, è possibile ridurre il numero di righe dell'anteprima accedendo all'app Apple Watch, toccando Il mio orologio e poi andando su Posta e Anteprima messaggi; scegliere due righe di messaggio, una riga di messaggio o nessuna riga di messaggio.

SIRI

Se amate Siri sull'iPhone, la amerete ancora di più sul vostro polso. Non la amate? Datele una seconda possibilità, perché ha ricevuto un piccolo aggiornamento.

È possibile accedere a Siri in due modi (scoprirete rapidamente che ci sono più modi per svolgere la maggior parte delle attività sull'orologio):

1. Premere la manopola della corona digitale manopola.
2. Sollevare il polso e parlare (dire addio a "Hey Siri"). È sufficiente formulare la

richiesta (ad esempio, "Che tempo fa a Parigi?", "Chi ha vinto la partita degli Yankee di ieri sera?"); si può usare Siri per aprire applicazioni, impostare sveglie, chiamare amici, praticamente tutto ciò che viene in mente. Senza la tastiera integrata in molti orologi, Siri è più importante che mai.

EFFETTUARE TELEFONATE

Anche se non comprerete un Apple Watch per fare il Dick Tracy e telefonare dal vostro polso, è sicuramente un tocco di classe... ed è piuttosto semplice da fare.

Una volta che l'orologio è sincronizzato con l'iPhone, si può iniziare a effettuare e ricevere chiamate.

Se arriva una chiamata, è possibile disattivarla posizionando la mano sull'orologio. Se si desidera inviare la chiamata al telefono o rispondere con un testo, spostare il dito sulla corona digitale e scorrere fino in fondo. e scorrere fino in fondo.

Per rispondere alla chiamata, utilizzare il pulsante verde; per rifiutare la chiamata, premere quello rosso. È come ricevere una chiamata sull'iPhone. Quando si parla, l'orologio utilizza un microfono integrato. La qualità non è delle migliori, ma è sufficiente.

Per effettuare una chiamata, avete due opzioni:

Accedere alla schermata iniziale e toccare l'icona Telefono.

L'altra opzione è la più semplice e consiste nell'utilizzare Siri.. Basta sollevare il polso e dire "chiama il NOME DELLA PERSONA". Se si compone la persona sbagliata, basta premere il pulsante Riaggancia e, se si fa abbastanza in fretta, la chiamata non verrà inoltrata.

CALENDARIO

L'app Calendario su Apple Watch mostra gli eventi programmati o a cui siete stati invitati oggi e per la settimana successiva. Apple Watch mostra gli eventi di tutti i calendari utilizzati sull'iPhone.

Per visualizzare il calendario, aprire l'applicazione Calendario nella schermata iniziale o nell'elenco delle app; è anche possibile toccare la data del giorno sul quadrante dell'orologio, se è stata aggiunta questa opzione.

Esistono tre diverse modalità di calendario. Per passare da una all'altra, accedere all'app Impostazioni e toccare Calendario..

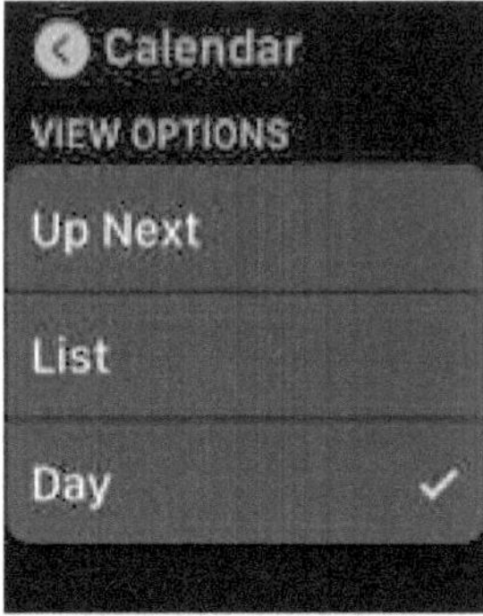

La prima è la vista Up Next, che mostra un'ampia panoramica di tutti gli eventi presenti, uno alla volta. Toccando un evento, se ne visualizzano i dettagli e si ha la possibilità di modificarlo.

La Vista elenco mostra tutti gli eventi in una vista compatta. Toccandoli si ingrandisce l'evento e si possono modificare o vedere i dettagli.

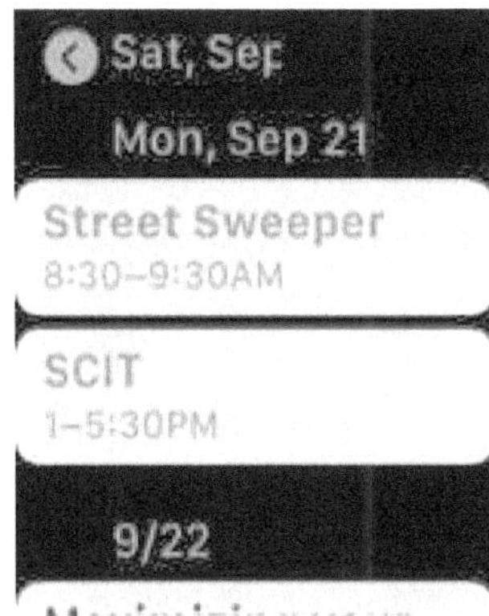

Infine, la vista Oggi mostra tutti gli eventi del calendario per un singolo giorno.

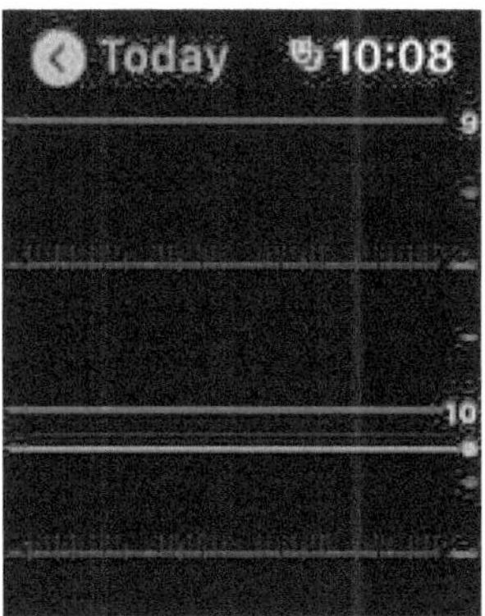

È anche possibile vedere cosa sta succedendo nella giornata sollevando il polso e dicendo: "Siridimmi cosa succede oggi".

Se si desidera visualizzare l'intero mese, toccare il simbolo "<" nell'angolo superiore sinistro dell'applicazione Calendario, quindi toccare il calendario mensile. e toccare il calendario mensile; ripetere l'operazione per tornare alla visualizzazione Giorno. Quando si è nella vista Mese, i giorni in cui si ha un'attività sono evidenziati in rosso.

AGGIUNTA DI EVENTI

Per aggiungere un evento, è necessario aprire l'applicazione Calendario sull'iPhone. Se si è nell'app Calendario sull'orologio, sulla schermata di blocco dell'iPhone apparirà un'icona Calendario: basta scorrere verso l'alto per passare immediatamente al calendario.

È possibile chiedere a Siri aggiunga un evento per voi.

RISPONDERE AGLI INVITI AGLI EVENTI

Quando si riceve un invito a un evento, questo appare come una notifica; è sufficiente passare il dito o ruotare la manopola della corona digitale quando lo si vede. quando lo si vede, quindi toccare Accetta, Forse o Rifiuta.

L'invito contiene anche l'organizzatore dell'evento; per inviare un'e-mail all'organizzatore dell'evento, premere con decisione sul display mentre si guardano i dettagli dell'evento; sarà possibile inviare un messaggio vocale o chiamare l'organizzatore.

Per regolare le impostazioni del calendario, accedere all'app Apple Watch sull'iPhone, quindi toccare Il mio orologio e infine toccare Calendario..

PROMEMORIA

Se utilizzate i promemoria sull'iPhone, potreste essere delusi nel vedere che non c'è un'app Promemoria sull'Apple Watch. sull'Apple Watch.

PromemoriaSebbene non esista un'applicazione, se si crea un promemoria sull'iPhone tramite l'app Promemoria, questo verrà ricordato anche sull'orologio.

È inoltre possibile creare un promemoria sull'orologio utilizzando Siri; basta sollevare il polso e dire: "Ehi Siri, imposta un promemoria".

MAPPA

Ci sono un paio di modi per usare la mappa sull'Apple Watch; il più semplice è quello di andare all'app Mappe nell'elenco delle app. Da qui si vedrà la propria posizione attuale e ciò che ci circonda; si può usare la manopola della Corona Digitale per ingrandire o rimpicciolire la mappa. per ingrandire o ridurre la mappa. Per scorrere la mappa, utilizzare il dito. Se si tocca la freccia nell'angolo in basso a sinistra, la posizione corrente verrà aggiornata.

Per cercare nella mappa, toccare i tre punti nell'angolo in basso a destra.

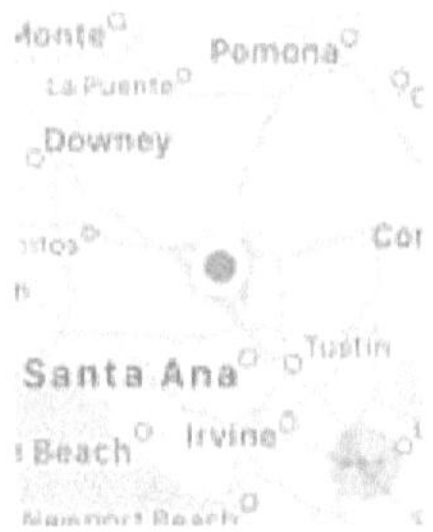

In questo modo si può scegliere se cercare qualcosa o passare a una vista di transito. È ovvio che si vuole cercare qui.

Si apriranno tre opzioni: dettare una posizione (l'icona del microfono), scarabocchiare una posizione (l'icona del dito) o cercare l'indirizzo di un contatto (l'icona della persona). Sotto ci sono anche diversi luoghi di ricerca nelle vicinanze: ad esempio, se si cerca un fast food, toccandolo si ottiene un elenco di fast food nelle vicinanze.

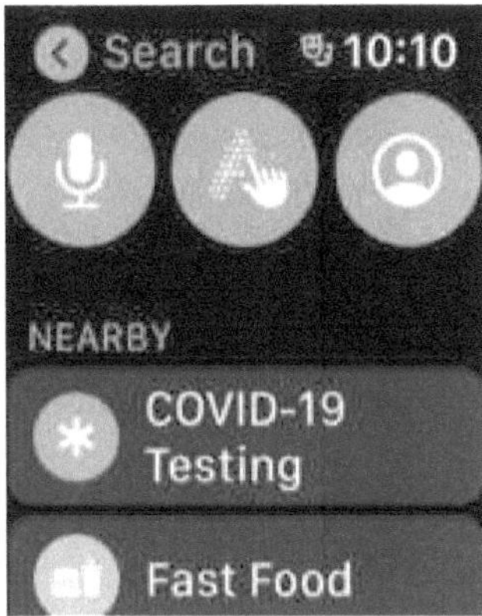

Nel caso di sedi effettive (aziende o semplici in-dirizzi), si otterranno anche informazioni sugli orari.

Al di sotto di questa opzione è possibile se-lezionare il tipo di indicazioni desiderate (insieme al tempo necessario): a piedi, in auto, in transito e in bicicletta. Le indicazioni cambiano in base a ciò che si seleziona: camminare, ad esempio, permette di percorrere strade che non si possono percorrere in auto.

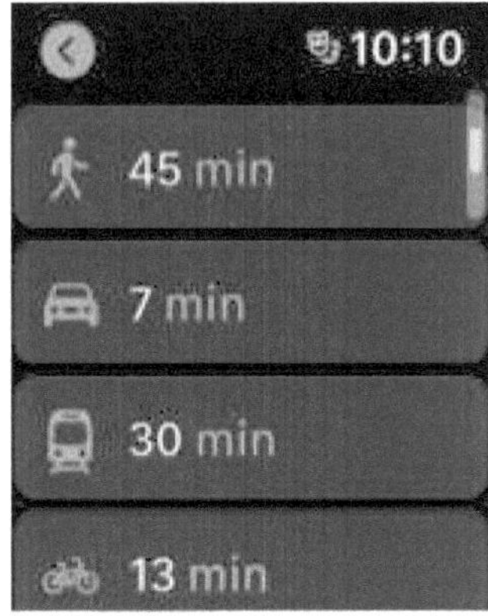

È anche possibile inserire uno spillo in un'area che si desidera raggiungere. Per aggiungere uno spillo, basta toccare e tenere premuto Mappa (non con forza) e attendere che lo spillo cada. Se si tocca lo spillo dopo che è caduto, viene fornito l'indirizzo. Per spostare il pin, basta passare il mouse su una nuova posizione e rilasciare un nuovo pin. Se non si è sicuri dell'indirizzo di una persona, se si lascia cadere uno spillo vicino alla sua posizione si può ottenere un indirizzo approssimativo.

INDICAZIONI STRADALI

Le indicazioni stradali turn-by-turn sull'Apple Watch sono una delle funzioni più importanti e sono davvero semplici da usare.

Quando si riceve un testo con un indirizzo, questo viene automaticamente convertito in un collegamento ipertestuale; facendo clic su di esso, si apre immediatamente una mappa. È possibile ingrandire e ridurre la mappa ruotando la manopola della corona digitale. della Corona Digitale.

Se non si dispone di un messaggio con l'indirizzo, andare alla schermata iniziale dell'orologio e toccare l'icona Mappe. e toccare l'icona Mappe; apparirà la mappa che mostra la posizione attuale. Per trovare un indirizzo, toccare con decisione il dito sullo schermo. Si potrà scegliere se cercare l'indirizzo o utilizzare quello di uno dei propri contatti. Quando si cerca un indirizzo, si può scegliere di utilizzare un indirizzo usato di recente o di dettare l'indirizzo.

Quando viene visualizzato l'indirizzo, ci sono due opzioni: indicazioni stradali e indicazioni a piedi. Camminare non solo cambia il tempo impiegato, ma permette anche di percorrere strade che un'auto non può percorrere. Una volta effettuata la selezione toccando, basta premere il pulsante Avvia.

Una delle caratteristiche più interessanti della mappa sono le indicazioni turn-by-turn. Quando è il momento di svoltare, l'orologio vi tocca per attirare la vostra attenzione. Ancora più interessante è il fatto che se si avviano le indicazioni sul telefono, queste vengono visualizzate anche sull'orologio.

FOTO

Per visualizzare le foto sull'Apple Watch, accedere all'app Foto nella schermata iniziale dell'orologio; poiché l'orologio non è in grado di scattare foto, le foto visualizzate saranno quelle dell'album dell'iPhone. Per impostazione predefinita, l'orologio è impostato per visualizzare solo l'album Preferiti, ma è possibile modificarlo.

Una volta aperta l'applicazione, è sufficiente toccare la foto che si desidera visualizzare e utilizzare la manopola della corona digitale per ingrandire o rimpicciolire la foto. per ingrandire o rimpicciolire e usare il dito per spostarsi. Per vedere tutte le foto, è sufficiente ingrandirle completamente.

SCEGLIERE UN ALBUM

Se si desidera scegliere un altro album da mostrare sull'orologio, aprire l'app Apple Watch sull'iPhone e toccare Il mio orologio, quindi andare su Foto e Album sincronizzati e scegliere l'album che si desidera sincronizzare; è anche possibile creare un nuovo album utilizzando le foto del telefono.

IMMAGAZZINAMENTO

L'orologio non dispone di tanto spazio quanto il telefono, quindi è importante limitare la quantità di foto memorizzate; per limitare l'archiviazione delle foto, aprire l'app Apple Watch sull'iPhone, toccare Il mio orologio, quindi andare su Foto e Limiti foto.

È possibile vedere quante foto sono attualmente presenti sul proprio Apple Watch aprendo l'app Impostazioni dalla schermata iniziale dell'orologio, toccando Generali e poi Informazioni. Si può vedere anche sul telefono aprendo l'app Apple Watch, quindi toccando Il mio orologio, Generali e Informazioni.

FOTOCAMERA MIRINO

Sebbene l'orologio non abbia una fotocamera incorporata, ha una funzione piuttosto impressionante che consente di utilizzare l'orologio come mirino e otturatore esterno per la fotocamera dell'iPhone.

Affinché funzioni, è necessario assicurarsi che l'orologio non si trovi a più di 9 metri dall'iPhone.

Per scattare una foto, aprire l'app Fotocamera sulla schermata Home dell'orologio, quindi posizionare l'iPhone per inquadrare lo scatto utilizzando l'Apple Watch come mirino. Se si desidera modificare l'esposizione, basta toccare l'area che si desidera mettere a fuoco dall'anteprima dell'Apple Watch e toccare il pulsante di scatto sull'orologio. È possibile visualizzare l'anteprima della foto sull'orologio, ma la foto verrà effettivamente salvata sull'iPhone.

Accanto al pulsante di scatto c'è un pulsante per il timer; se si desidera eseguire uno scatto temporizzato, toccarlo. Il timer esegue scatti a raffica, ideali per le foto d'azione e sportive.

MUSICA

L'app Musica si trova naturalmente nella schermata Home, ma è possibile raggiungerla più rapidamente scorrendo verso l'alto sullo schermo.

Come quasi tutto ciò che è presente sull'orologio, è anche possibile riprodurre musica con Siri.. Basta sollevare il polso e dire "suona Bob Dylan".

Quando la musica è in riproduzione, toccare l'angolo superiore e si avrà la possibilità di scorrere tra Artista, Album, Playlist e Brani (scorrere utilizzando la manopola della corona digitale).).

L'orologio si sincronizza automaticamente con il telefono e riproduce la musica presente sull'iPhone. Questo è ottimo quando il telefono è nelle vicinanze, ma a volte non si ha il telefono nelle vicinanze e si vuole ascoltare la musica direttamente sull'orologio. È possibile caricare la musica sull'orologio in modo molto semplice.

 Per aggiungere musica, collegare l'orologio al caricabatterie, quindi aprire l'app Apple Watch sull'iPhone. Quindi, toccare Musica (è vicino alla parte inferiore). Successivamente, toccare Sync Playlist e scegliere i brani da aggiungere.

Per riprodurre la musica direttamente dall'orologio, aprire l'applicazione Musica e premere con decisione sullo schermo all'apertura dell'applicazione. Si aprirà un nuovo menu con quattro opzioni: Riproduzione casuale, Ripetizione, Sorgente e Airplay. Selezionare Sorgente. Quindi selezionare Apple Watch. A questo punto il programma vi guiderà nell'accoppiamento dell'orologio con gli auricolari Bluetooth per ascoltare la musica. per ascoltare la musica.

Dal menu precedente, si può anche selezionare Airplay per abbinare l'orologio a un altoparlante abilitato Airplay.

LE SCORTE

Se si desidera monitorare uno o più titoli azionari dall'orologio, aprire l'app Stocks. Si possono vedere i dettagli di un titolo toccandolo nell'elenco e ruotando la corona digitale per scorrere. per scorrere.

È anche possibile utilizzare Siri per trovare il prezzo di un'azione dicendo: "Qual è stato il prezzo di chiusura dell'azione XYZ?".

IL TEMPO

Per aprire le informazioni meteorologiche, accedere all'applicazione Meteo aprendola nella schermata iniziale dell'orologio. L'app Meteo contiene le previsioni a 10 giorni, la temperatura e le condizioni attuali e la probabilità di pioggia.

L'app Meteo è sincronizzata con il vostro iPhone, quindi se volete aggiungere o rimuovere una città, fatelo dal vostro telefono.

È possibile cambiare la città predefinita visualizzata sull'orologio aprendo l'app Apple Watch sull'iPhone, toccando Il mio orologio, quindi andando su Meteo e Città predefinita.

ATTIVITÀ

Una delle caratteristiche che Apple sta promuovendo con l'Apple Watch è l'attività fisica.; uno dei motivi per cui indossare l'orologio, se si deve credere ad Apple, è quello di indurvi a muovervi di più. Per me è difficile da convincere, perché sono un pigro!

L'app è suddivisa in tre obiettivi di fitness: stare in piedi per almeno un minuto ogni ora, raggiungere l'obiettivo di bruciare calorie muovendosi di più (è possibile impostare l'obiettivo) e accumulare 30 minuti di un'attività che richiede un movimento superiore a una camminata veloce. Ciascuno di questi obiettivi costituisce degli anelli; man mano che si completano gli obiettivi, gli anelli iniziano a riempirsi e alla fine della giornata dovrebbero essere pieni.

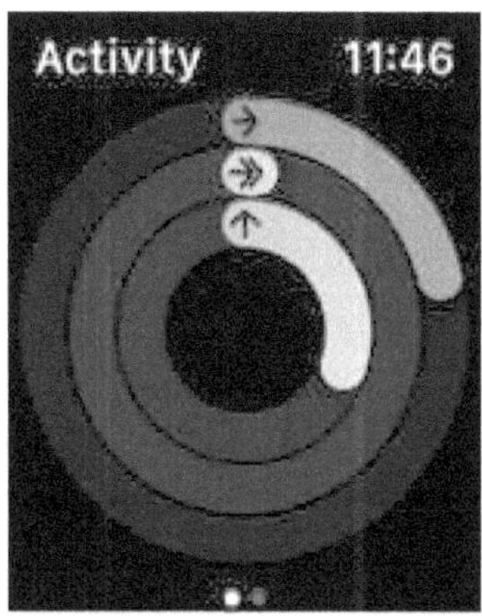

Per iniziare, accedere alla schermata Home e toccare l'applicazione Attività e toccare l'app Attività. La prima volta che si apre l'app, viene fornita una breve esercitazione su cosa sia l'app e su come aiuti a vivere una vita più felice e sana. Una volta terminata l'esercitazione, dovrete inserire alcune informazioni personali: è un'operazione da fare una sola volta e solo per i vostri occhi. Servirà a garantire che l'applicazione sia il più accurata possibile. Per ogni sezione, ruotare la corona digitale per inserire le informazioni.

Al termine, viene indicato il livello di attività; è possibile modificarlo in seguito, quindi se non si è sicuri, è meglio scegliere un livello più basso, non più alto. Successivamente verrà visualizzato l'obiettivo suggerito, che potrà essere accettato o modificato. Al termine, toccare Inizia a muoverti. A questo punto l'applicazione vi seguirà in background. Non è necessario iniziare ogni giorno.

È possibile accedere all'app Attività in qualsiasi momento toccandola dalla schermata iniziale. La prima cosa che si vedrà sono tutti gli anelli insieme. È possibile utilizzare la corona digitale per visualizzare informazioni più dettagliate sugli anelli.

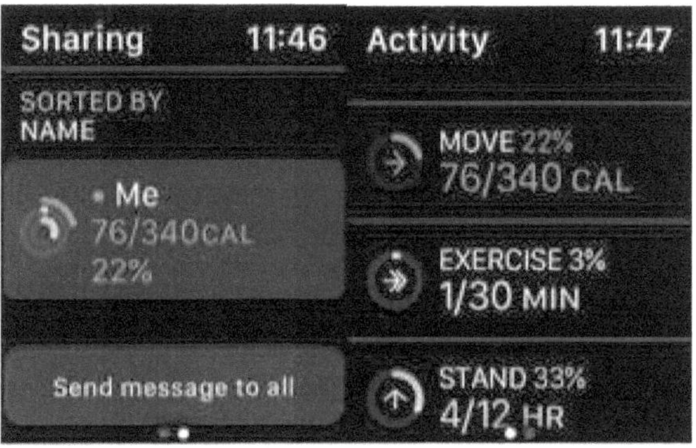

In qualsiasi momento, è possibile modificare gli obiettivi aprendo l'app e premendo con decisione sul display. È anche possibile farsi inviare dei promemoria per incoraggiarsi a completare gli obiettivi.

Nell'app Attività sull'iPhone, è possibile visualizzare la cronologia delle attività e vedere rapporti più dettagliati su ciò che si è fatto. Le misurazioni diventeranno più precise man mano che l'orologio verrà indossato e conoscerà i vostri comportamenti.

Infine, se si passa il dito a sinistra sull'applicazione Attività è possibile condividere i propri obiettivi di attività; perfetto per i pigri come me, che amano ricordare al coniuge che sono stati seduti tutto il giorno.

La maggior parte delle persone, me compreso, sta seduta un po' più di quanto voglia ammettere. Ci sediamo al lavoro, ci sediamo durante il tragitto casa-lavoro e ci sediamo quando torniamo a casa. Il problema di stare seduti è che non fa bene alla salute.

Apple ci aiuta con un nuovo obiettivo per la posizione in piedi in WatchOS. Con la nuova modalità, è possibile impostare un obiettivo per quanto tempo si desidera stare in piedi.

L'obiettivo è quello di spingervi a stare di più in piedi anche quando il vostro lavoro vi farebbe stare seduti; vi motiverà a fare delle pause veloci e a stare in piedi, favorendo la circolazione del sangue.

ALLENAMENTO

L'allenamento è una sorta di compagno di Attività anche se esiste un'app separata. Il suo scopo è quello di aiutare l'utente a tenere traccia dei progressi durante una sessione di allenamento e di aiutarlo a raggiungere nuovi traguardi.

Dalla schermata iniziale, toccare l'app Allenamento e vedrete subito decine di allenamenti diversi. Si va dalle passeggiate a passo sostenuto agli allenamenti più intensi, sia al chiuso che all'aperto. Per la corsa al chiuso e all'aperto o per la camminata e il ciclismo all'aperto, è possibile anche impostare un obiettivo di distanza. È anche possibile non scegliere alcun obiettivo e iniziare semplicemente.

Gli allenamenti diventano ogni anno più intelligenti. Il ciclismo all'aperto, ad esempio, è in grado di rilevare se si è su una bicicletta esterna o stazionaria e persino di apportare modifiche se si utilizza una bicicletta elettronica, poiché ovviamente si bruciano meno calorie.

Di seguito sono elencati alcuni degli allenamenti tra cui è possibile scegliere:

- Passeggiata all'aperto
- Corsa all'aperto
- Ciclo all'aperto
- Passeggiata al coperto
- Corsa al coperto
- Ciclo indoor
- Ellittica
- Pilates
- Tai Chi
- Vogatore
- Scaletta per scale

- Allenamento a intervalli ad alta intensità (HIIT)
- Escursioni
- Lo yoga
- Allenamento funzionale della forza
- Danza
- Raffreddamento
- Formazione di base
- Nuoto in piscina
- Nuoto in acque libere

Se non si vede quello che si sta facendo, toccare Aggiungi allenamento (no, non è qui che si traccia l'obiettivo di fitness "guardare la TV"). Verranno visualizzate anche le opzioni per i seguenti sport: Badminton, Barre, Pallacanestro, Cross training, Kickboxing, Cardio misto, Pilates, Calcio, Danza sociale, Surf, Tennis da tavolo, Tennis, Allenamento di forza tradizionale, Calcio americano, Tiro con l'arco, Calcio australiano, Baseball, Bowling, Boxe, Arrampicata, Cricket, Cross Country Skiing, Cross Training, Curling, Disc Sports, Downhill Skiing, Equestrian Sports, Fencing, Fishing, Fitness Gaming, Flexibility, Golf, Gymnastics, Hand Cycling, Handball, Hockey, Hunting, Jump Rope, Lacrosse, Martial Arts, Mind & Corpo, Paddling, Pickleball, Gioco, Rolling, Rugby, Vela, Pattinaggio, Sport sulla neve, Snowboard, Softball, Squash, Scale, Step Training, Tai Chi, Atletica leggera, Pallavolo, Fitness in acqua, Pallanuoto e Wrestling: manca qualche sport?!

Se si aggiunge uno di questi sport toccandolo, inizierà a comparire negli allenamenti, senza doverlo cercare di nuovo.

È possibile avviare l'allenamento o impostare degli obiettivi. Per impostare un obiettivo (ad esempio la distanza da percorrere a piedi), toccare i tre punti.

Verranno visualizzate quattro opzioni: Apertura, Calorie, Distanza e Tempo.

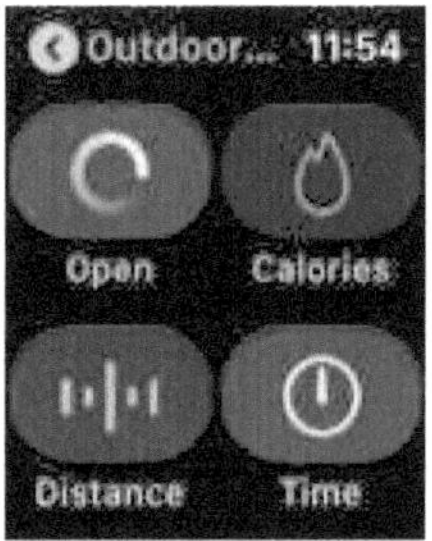

Queste opzioni consentono di impostare un obiettivo. Per esempio, diciamo che il mio obiettivo è camminare per tre miglia; aggiungo tre miglia, poi tocco Inizia e inizia il rilevamento. Verrò avvisato quando avrò raggiunto i tre chilometri.

Una volta premuto Begin, l'orologio esegue immediatamente il conto alla rovescia per iniziare. Durante l'allenamento, un anello si riempirà costantemente man mano che ci si avvicina all'obiettivo.

Per mettere in pausa o terminare l'allenamento, è sufficiente premere con decisione sul display e premere Fine o Pausa. Al termine dell'allenamento, è possibile scorrere un riepilogo completo. È possibile salvare i dati o scartarli. Si può notare che alcuni allenamenti hanno più opzioni di altri; questo perché ogni allenamento ha configurazioni diverse.

Visualizzazioni dell'allenamento

Mentre ci si allena e nell'app Allenamento dell'orologio, è possibile ruotare la corona digitale e visualizzare metriche approfondite sull'andamento dell'attività: gli anelli di attività, la zona di frequenza cardiaca (che dà un'idea dell'intensità dell'allenamento), l'altitudine, ecc.

Gli allenamenti possono anche essere personalizzati con diversi intervalli di recupero per i vari tipi di allenamento. Quando si corre, l'orologio fornisce anche un feedback per sapere se si sta rispettando il ritmo per raggiungere l'obiettivo o se è necessario spingersi un po' oltre.

Negli allenamenti di corsa o ciclismo all'aperto, è possibile impostare una gara contro i propri ultimi (o migliori) tempi.

Potenza di marcia

La potenza di corsa è un riepilogo dell'allenamento disponibile su Apple Watch SE e Apple Watch Series 6 e successivi. L'Apple Watch misura lo sforzo compiuto durante la corsa e visualizza la quantità di energia spesa; l'obiettivo è aiutare l'utente a migliorare le prestazioni nel tempo.

Fitness+

Uno dei maggiori miglioramenti apportati all'Apple Watch negli ultimi anni è l'inclusione di Fitness +.

Il costo è di 9,99 dollari al mese o 79,99 dollari all'anno (con tre mesi gratuiti se si acquista un nuovo Apple Watch); Fitness+ è anche abbinato al nuovo servizio Apple One Premier (29,99 dollari al mese). è anche integrato nel nuovo servizio Apple

One Premier (29,99 dollari al mese), che consente a voi e a tutta la vostra famiglia di accedere a tutti i servizi Apple.

Il funzionamento del servizio prevede che si scelga il tipo di allenamento che si desidera eseguire utilizzando la Apple TV, l'iPad o l'iPhone.iPad o iPhone; questo si sincronizzerà istantaneamente con l'orologio. Così, mentre l'allenamento video è in corso, si vedranno sul video elementi come la frequenza cardiaca.

Gli allenamenti cambiano ogni settimana e possono essere eseguiti con o senza attrezzi. Ci sono allenamenti per principianti e per utenti esperti, e l'intelligenza artificiale di Apple consiglierà allenamenti e allenatori diversi in base al vostro regime di allenamento.

È anche possibile filtrare gli allenamenti in base al tempo (da cinque minuti a 45 minuti); in questo modo, se avete solo pochi minuti a disposizione, potete trovare una routine di allenamento che si adatti a quel programma.

Se avete usato (o conoscete) Peloton, il concetto è molto simile. La differenza principale è che può funzionare con più dispositivi (o con nessun dispositivo), il che lo rende ideale per i viaggi.

Potrete anche scegliere il tipo di musica da riprodurre durante l'allenamento.

FARMACI

Ricordarsi di prendere le medicine è un gioco da ragazzi con l'Apple Watch. Se avete bisogno di promemoria, impostate i farmaci dal vostro iPhone seguendo le istruzioni riportate di seguito.

Accedere all'app Salute e selezionare "Sfoglia", quindi toccare Medicinali.

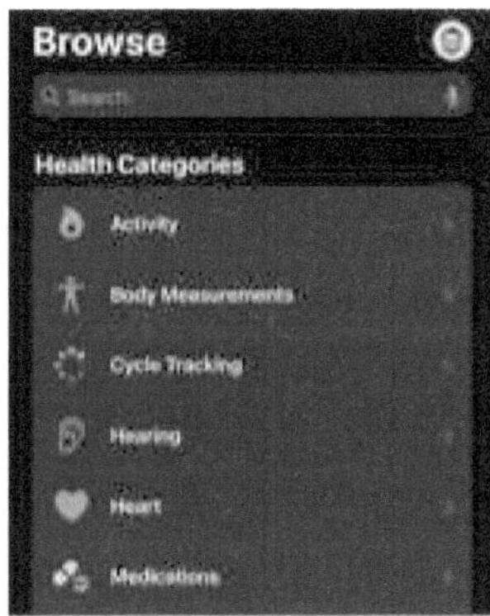

Da qui, è sufficiente toccare il pulsante blu Aggiungi un farmaco.

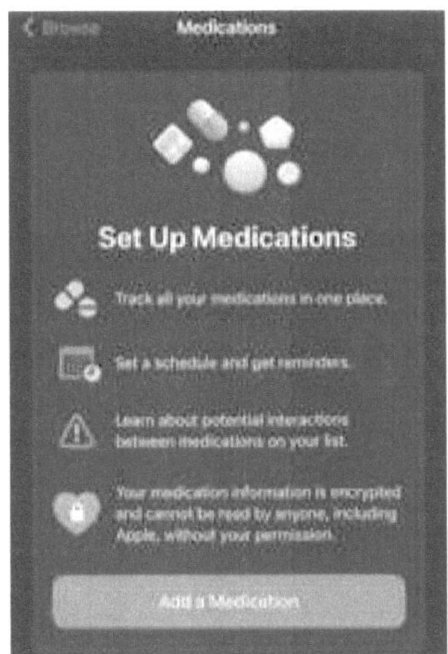

CONTROLLARE LA FREQUENZA CARDIACA

Per ottenere i migliori risultati con la frequenza cardiaca, assicurarsi che l'orologio sia abbastanza stretto da toccare la pelle, ma non troppo.

Misurerà la frequenza cardiaca quando si carica l'applicazione.

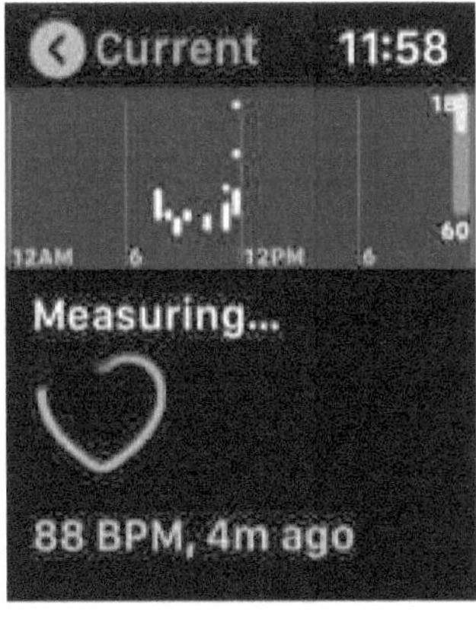

Toccando una delle tre opzioni: Corrente, Frequenza a riposo o Media della camminata, per ottenere una panoramica della frequenza cardiaca.

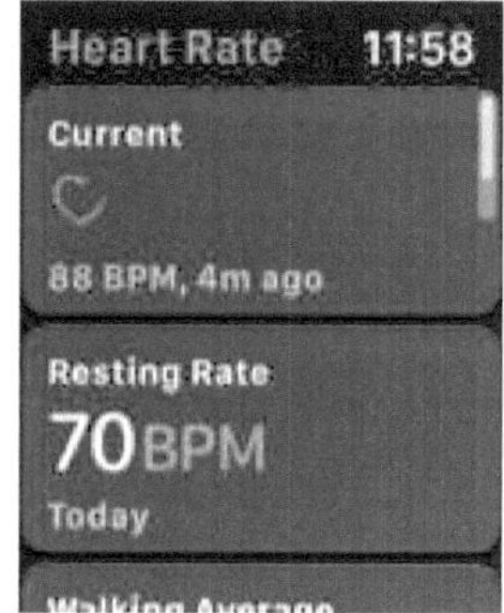

Se si sta svolgendo un allenamento, è possibile controllare la frequenza cardiaca passando il dito sulla metà inferiore della schermata di avanzamento dell'allenamento.

ECG TRACCIAMENTO

ECG (o elettrocardiogramma) è un sensore dell'orologio che serve a rilevare le irregolarità cardiache.

La cosa più importante da sapere sul tracciamento ECG è che si tratta di un orologio, non di un dispositivo medico. Apple Watch non è il vostro medico. Non si deve pensare di stare bene perché l'orologio dice che si sta bene o che si sta avendo un attacco cardiaco perché l'orologio rileva un'anomalia. Il rilevamento dell'ECG e tutte le funzioni sanitarie dell'orologio hanno lo scopo di rilevare i primi segnali di allarme. Ma è così. Non sono precisi al 100%.

Per utilizzarlo, accedere all'app ECG sull'orologio. Con l'orologio ben saldo al polso, si dovrà appoggiare il dito sulla Corona Digitalequindi inizierà il conto alla rovescia da 30. Dovrete cercare di rimanere fermi per 30 secondi mentre l'orologio esegue la lettura.

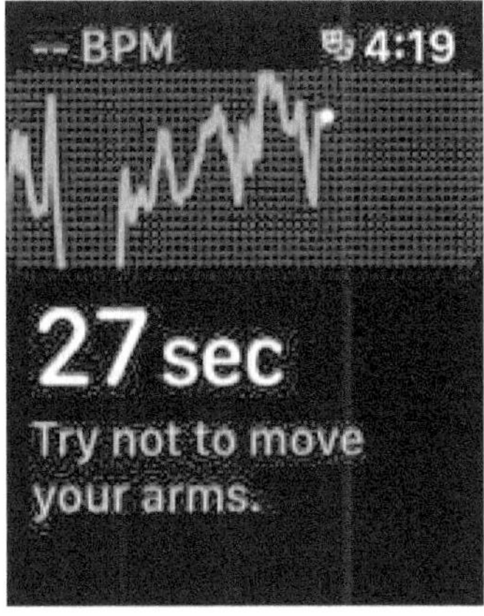

Al termine, i risultati vengono visualizzati sull'orologio.

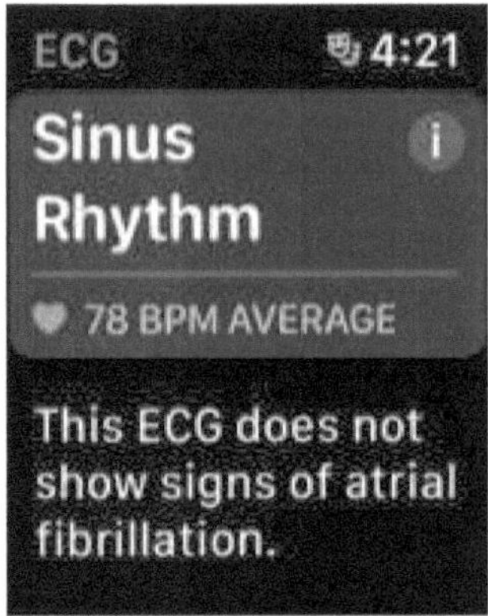

Come per tutte le misurazioni dello stato di salute, queste vengono sincronizzate automaticamente con l'iPhone e memorizzate nell'app Salute. e memorizzate nell'app Salute. È possibile visualizzare la cronologia delle misurazioni per tutte le letture effettuate.

STORIA DELLA FIBRILLAZIONE ATRIALE

L'Apple Watch è molto attento al cuore e sta apportando continui miglioramenti ai suoi tracciati. La cronologia della fibrillazione atriale mostra la frequenza delle aritmie cardiache.

MONITORAGGIO DELL'OSSIGENO NEL SANGUE

Il rilevamento dell'ossigeno nel sangue è un'esclusiva dell'Apple Watch Series 6 e successivi; inoltre è disponibile solo per gli utenti di età superiore ai 18 anni. Pertanto, se si imposta l'orologio per un minorenne, questi non potrà utilizzarlo.

L'ossigeno ematico rileva la percentuale di ossigeno nei globuli rossi che viene trasportata dai polmoni alle altre parti del corpo.

Quando si configura l'orologio, viene visualizzata un'opzione per attivarlo. Se l'opzione non è stata attivata, è possibile impostarla accedendo all'app Salute, andando su Sfoglia, quindi su Respiratorio > Ossigeno nel sangue > Imposta ossigeno nel sangue. e poi su Sfoglia, quindi su Respiratorio > Ossigeno nel sangue > Imposta ossigeno nel sangue.

Per effettuare una misurazione, accedere all'applicazione Blood Oxygen (se non la si vede e si è assolutamente sicuri di avere la Serie 6 e non il modello SE, andare sull'App Store e cercarla). sull'orologio e cercarla). Una volta toccato Start, è necessario rimanere il più possibile immobili per 15 secondi.

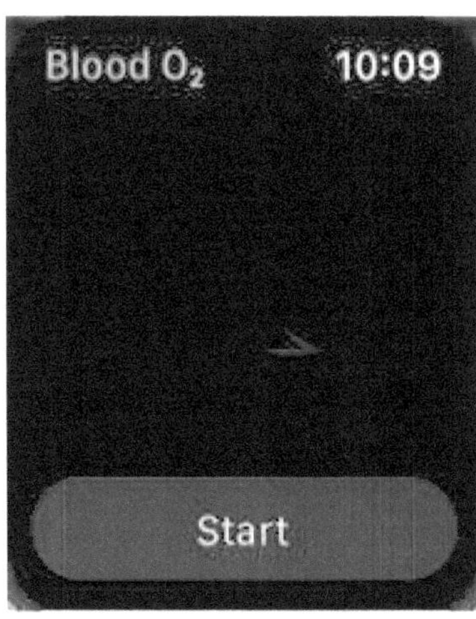

Una volta terminato, si vedranno i risultati, che verranno memorizzati anche nell'app Salute dell'iPhone. sull'iPhone.

TRACCIAMENTO NOOCYCLE

Ciclo Il Cycle Tracking non è un'applicazione, ma una nuova funzione dell'app Salute dell'orologio. dell'orologio. Traccia il ciclo mestruale e può aiutare a prevedere quando arriverà la prossima mestruazione o quando sta per iniziare la finestra fertile. (Fate attenzione alla parola "previsione"! L'orologio non deve ovviamente essere usato come forma di controllo delle nascite).

Per iniziare, mettete giù l'orologio e aprite il telefono. Aprire l'applicazione Salute quindi andare su Cycle Tracking e selezionare Inizia.

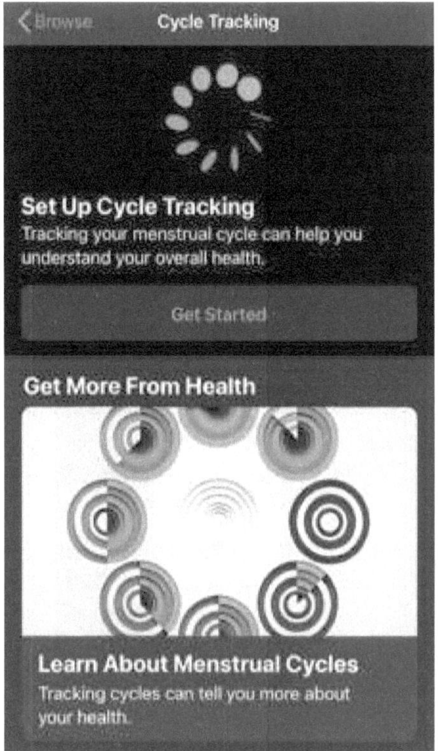

Seguite le istruzioni e assicuratevi di aggiungere le funzioni desiderate (come la previsione delle mestruazioni e la previsione della fertilità).

Una volta aggiunte le informazioni, è possibile iniziare a registrare elementi come il livello di flusso o altri sintomi.

TRACCIAMENTO DEL SONNO

Il rilevamento del sonno non è una novità assoluta per Apple: è stato introdotto nell'iPhone qualche tempo fa, ma la funzione è nuova per l'Apple Watch. Quando si indossa l'orologio di notte, è in grado di tracciare il tempo in cui si dorme (e ci si sveglia nel cuore della notte) e di fissare degli obiettivi per aiutare a dormire meglio.

Per iniziare, aprire l'app Sleep sull'orologio.

La prima volta che si utilizza l'applicazione, viene visualizzato un messaggio relativo all'applicazione.

Scorrendo un po' più in basso, è possibile impostarlo indicando all'orologio la durata del sonno, quindi scorrendo ancora un po' e toccando il pulsante Avanti.

Successivamente, viene chiesto quando il programma è attivo, ad esempio solo nei giorni feriali.

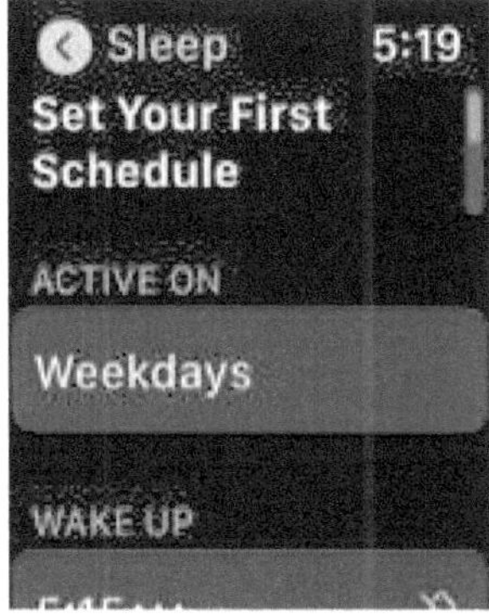

In questo modo si indica al dispositivo l'ora in cui ci si vorrebbe svegliare e si attiva il pulsante se si desidera una sveglia.

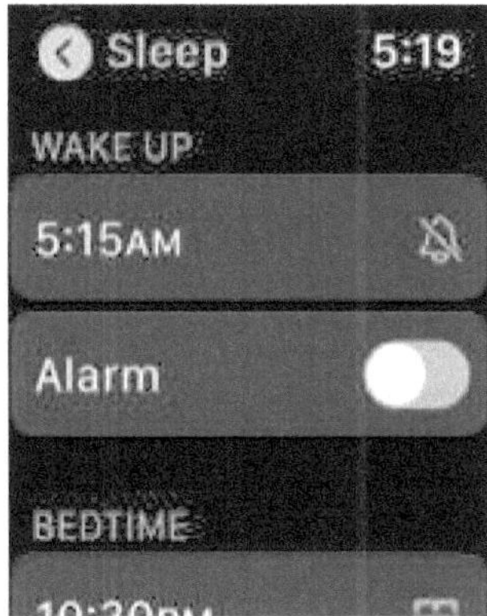

Sotto questo punto si imposta l'ora di andare a letto; questo calcolerà il sonno e vi dirà se riuscirete a raggiungere l'obiettivo. Nell'esempio qui sotto, ad esempio, dice che mancherò l'obiettivo di 1 ora e 15 minuti. Quindi, se voglio raggiungere l'obiettivo, devo cambiare l'orario in cui vado a letto.

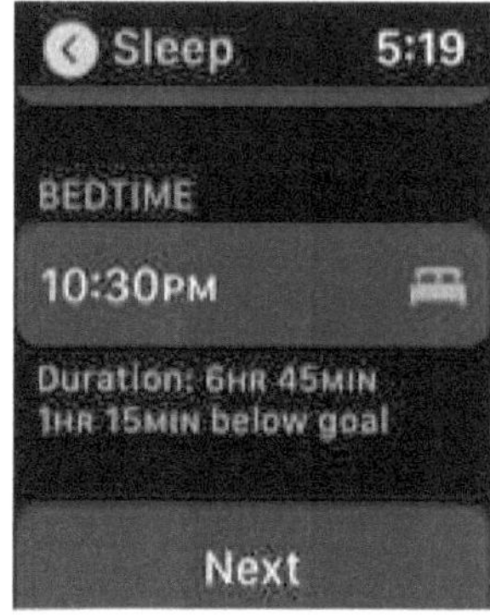

Una volta impostato, verrà visualizzato un riepilogo del programma e si potrà scorrere verso il basso per attivarlo (suggerimento: assicurarsi che la batteria sia carica prima di andare a letto se si sta monitorando il sonno).

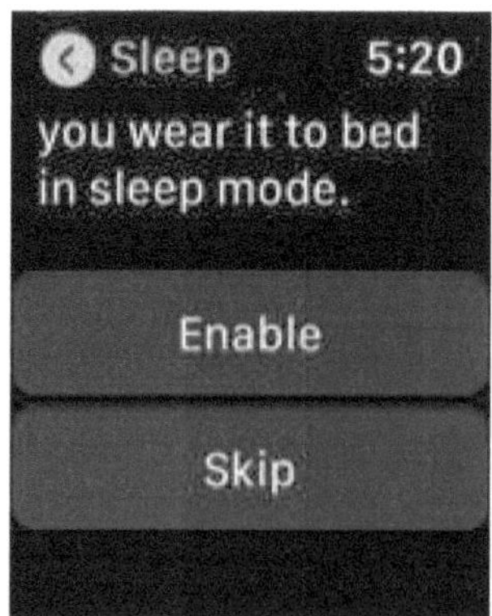

È anche possibile impostare un programma Wind Down, che aiuta a rilassarsi prima di andare a letto.

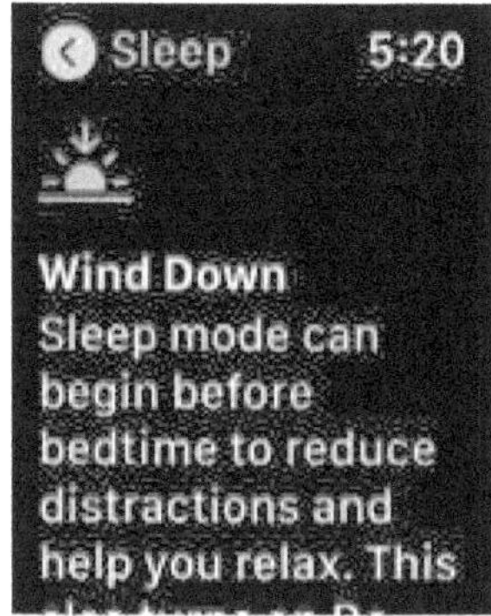

Infine, è possibile attivare i promemoria di ricarica, che ricordano all'utente prima di andare a letto di ricaricare il dispositivo, in modo da avere energia sufficiente per superare la notte.

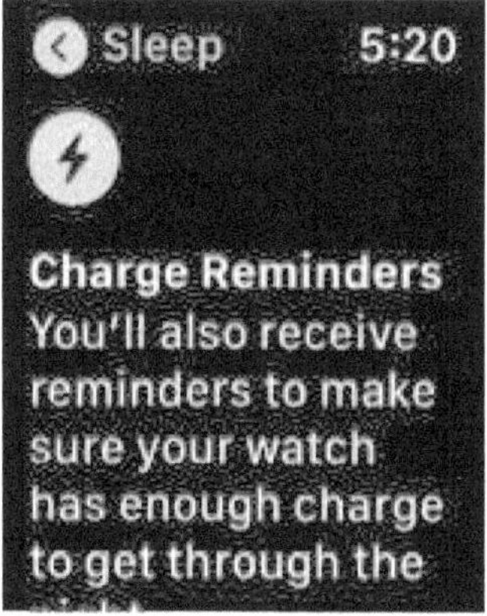

È possibile modificare l'orario in qualsiasi momento. È sufficiente toccare il programma e toccare l'ora che si desidera modificare.

FASI DEL SONNO

Sleep Stages vi dirà quanto tempo siete stati nelle diverse fasi del sonno (REM, Core, Deep Sleep) e quando siete stati svegli. L'orologio fornisce ottimi dati, ma i dati diventano ancora più completi se si consultano sul telefono.

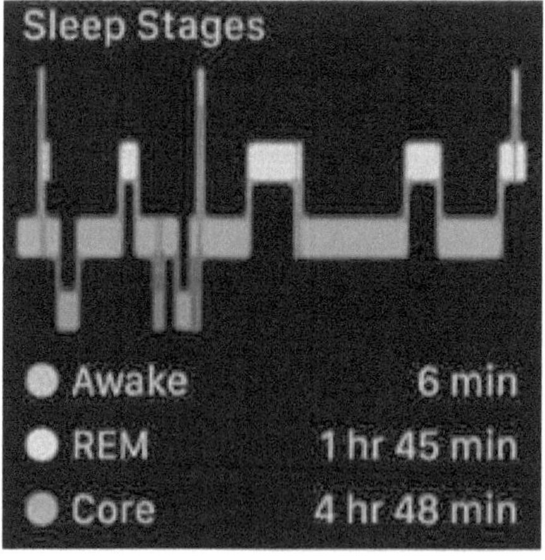

IMPOSTARE GLI ALLARMI

Se si desidera impostare una sveglia, accedere all'app Sveglia dalla schermata iniziale dell'orologio.

Una volta aperto, premere con decisione sul display, quindi toccare Aggiungi sveglia. Toccare Cambia ora (ricordarsi di cambiare anche AM / PM); è possibile utilizzare la manopola della corona digitale per regolare le ore e i minuti. per regolare le ore e i minuti. Infine, toccare Imposta. È possibile toccare il simbolo "<" nell'angolo in alto a sinistra per tornare alle impostazioni della sveglia, dove è possibile ripetere una sveglia, premere snooze o etichettarla.

Per regolare una sveglia, toccare l'app Sveglia, quindi toccare la sveglia nell'elenco che si desidera modificare. Toccare accanto alla sveglia per attivarla o disattivarla. È possibile eliminare una sveglia toccando l'allarme, quindi scorrendo fino in fondo e toccando Elimina.

Una volta utilizzato l'orologio per il monitoraggio del sonno, si inizieranno a vedere i risultati nell'applicazione Salute sull'iPhone.

Dall'applicazione Salute andare alla scheda Sfoglia e selezionare l'opzione Sonno.

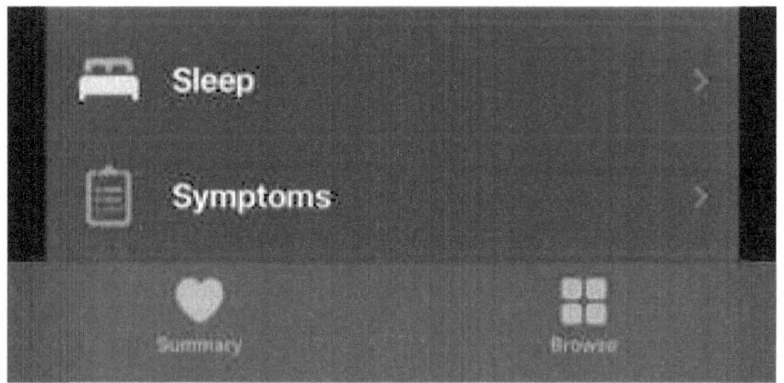

Verrà visualizzato un grafico di come si è dormito; il blu è il sonno, mentre gli spazi vuoti sono i periodi di veglia.

Se si scorre un po' più in basso, si può vedere la frequenza cardiaca durante il sonno.

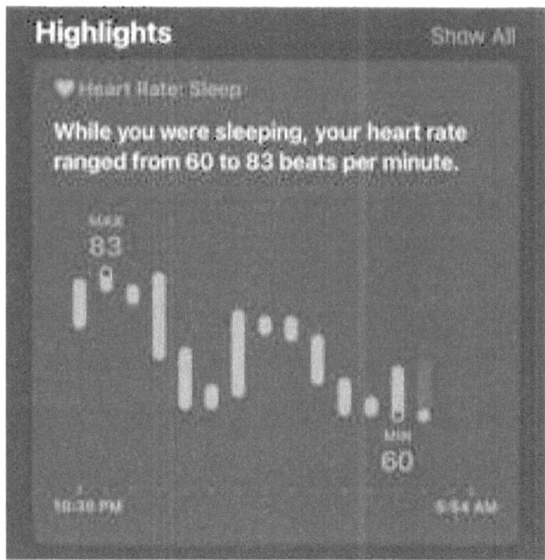

Se si va fino in fondo, si vedrà l'opzione Mostra tutti i dati.

In questo modo si può capire ancora meglio come si è dormito; forse non ci si rende nemmeno conto di quanto ci si rigira.

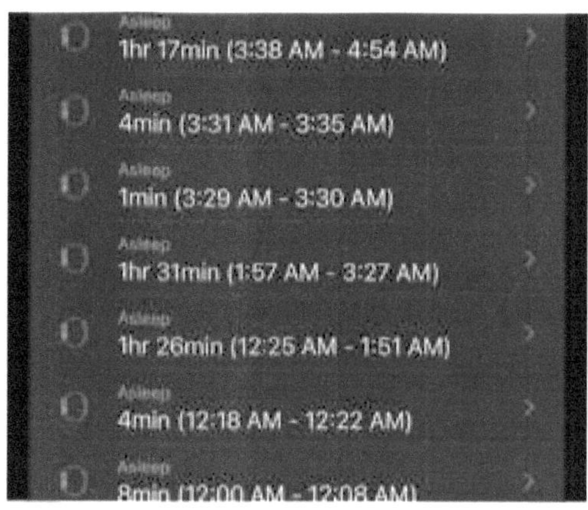

UTILIZZARE UN TIMER

Per utilizzare il timer dell'orologio, andare alla schermata iniziale e toccare Timer; i timer possono essere impostati per un massimo di 24 ore. Per impostare un timer, aprire l'applicazione, toccare ore o minuti, ruotare la manopola della corona digitale per regolare l'ora e infine toccare Avvia. per regolare l'ora e infine toccare Avvia. Se il timer supera le 12 ore, mentre lo si regola premere con decisione sul display e toccare 0-24 ore.

UTILIZZARE IL CRONOMETRO

Se si desidera utilizzare il cronometro per cronometrare cose come il tempo di un giro di pista, andare alla schermata iniziale e toccare l'applicazione Cronometro. e toccare l'applicazione Cronometro. Per avviare l'orologio, toccare il pulsante Start; toccare il pulsante Lap per dividere il tempo o registrare un giro. Il cronometraggio continuerà mentre si passa dall'uno all'altro. Al termine, toccare Reset.

È inoltre possibile scegliere il formato del cronometro. Ne esistono quattro diversi: Analogico, Digitale, Grafico e Ibrido.

AUDIOLIBRI

Apple non ha ancora inserito la sua popolare app Libri sull'Apple Watch, probabilmente perché la lettura non è una grande esperienza sull'orologio. Ci sono app di terze parti che lo fanno, se si tratta di una funzione indispensabile. Ciò che Apple offre al posto di una libreria nativa è la possibilità di ascoltare gli audiolibri acquistati dallo store Apple Books.

È un'applicazione piuttosto semplice: scorrete fino all'audiolibro che desiderate e toccatelo.

Da qui è possibile riprodurre il libro o andare avanti/indietro velocemente. Il simbolo "1x" nell'angolo in basso a destra regola la velocità di riproduzione, in modo che il narratore possa leggere più velocemente.

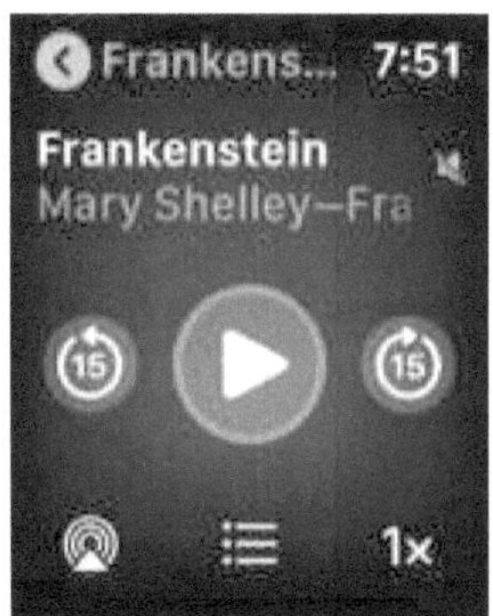

CALCOLATRICE

È possibile eseguire semplici calcoli sull'orologio utilizzando Siri nelle versioni precedenti dell'Apple Watch, ma mancava un'app nativa. Molti sono sorpresi che ci sia voluto così tanto tempo per avere questa app sull'orologio. Qualunque sia il motivo dell'attesa, ora è arrivata e fa più di quanto ci si possa aspettare.

Oltre ai calcoli di base, è presente un pulsante per la mancia. Questo pulsante consente di visualizzare rapidamente l'importo della mancia da lasciare. Digitare il costo, quindi toccare il pulsante Mancia. È possibile utilizzare la corona digitale per regolare la percentuale.

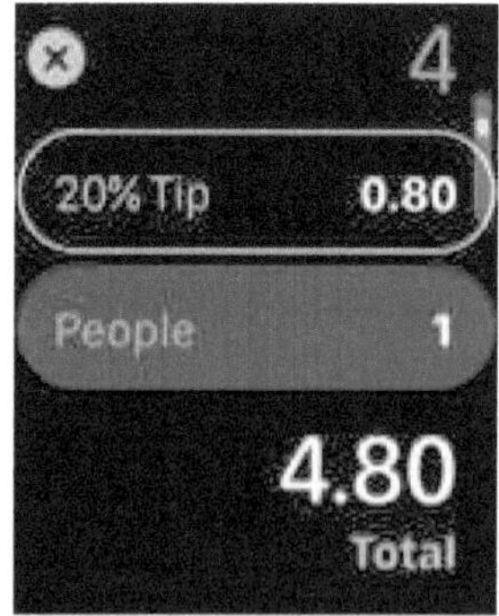

Toccare il pulsante Persone sotto la percentuale e dividere il conto. Utilizzare la corona digitale per regolare il numero di persone presenti. Man mano che si aggiungono persone, viene visualizzato il costo per ogni persona sotto il prezzo finale.

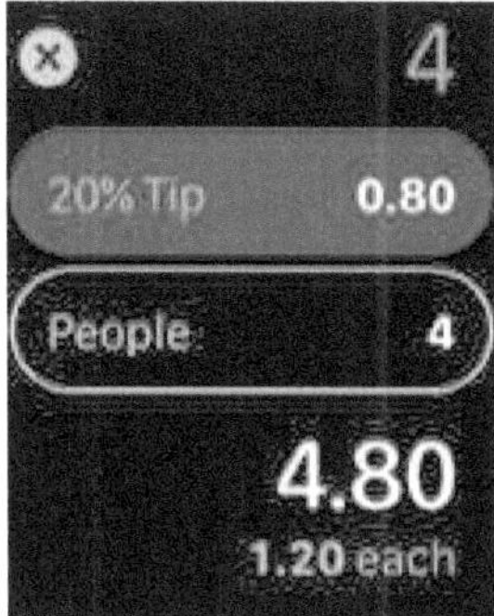

Lavaggio delle mani

Ok, parliamo prima dell'elefante nella stanza: abbiamo davvero bisogno di un'app che ci dica come lavarci le mani? Lavare, insaponare, sciacquare, giusto?

Sembra una sciocchezza, ma la cosa terrificante è che la maggior parte di noi lo fa in modo scorretto. Provate l'applicazione e vedete se riuscite a lavarvi per tutti i 20 secondi. Secondo Apple, che ha condotto uno studio in merito, ben il 95% di noi non lo fa correttamente. Che schifo, vero? Quindi, la prossima volta che stringete la mano a qualcuno, guardate il suo polso per vedere se ha un Apple Watch che lo aiuta a farlo bene!

Se siete Mr. Clean e non avete bisogno di un'app che vi dica quanto siete perfetti, basta spegnerla; e se siete Mr. Dirty e non avete bisogno di un'app che ve lo ricordi, potete anche spegnerla.

Come funziona? Il bello dell'app è che funziona senza alcuno sforzo da parte vostra. Una volta accesa, l'app rileva automaticamente che vi state lavando le mani e avvia il timer.

Per attivarlo, accedere all'applicazione Impostazioni e scorrere fino a visualizzare Lavaggio a mano..

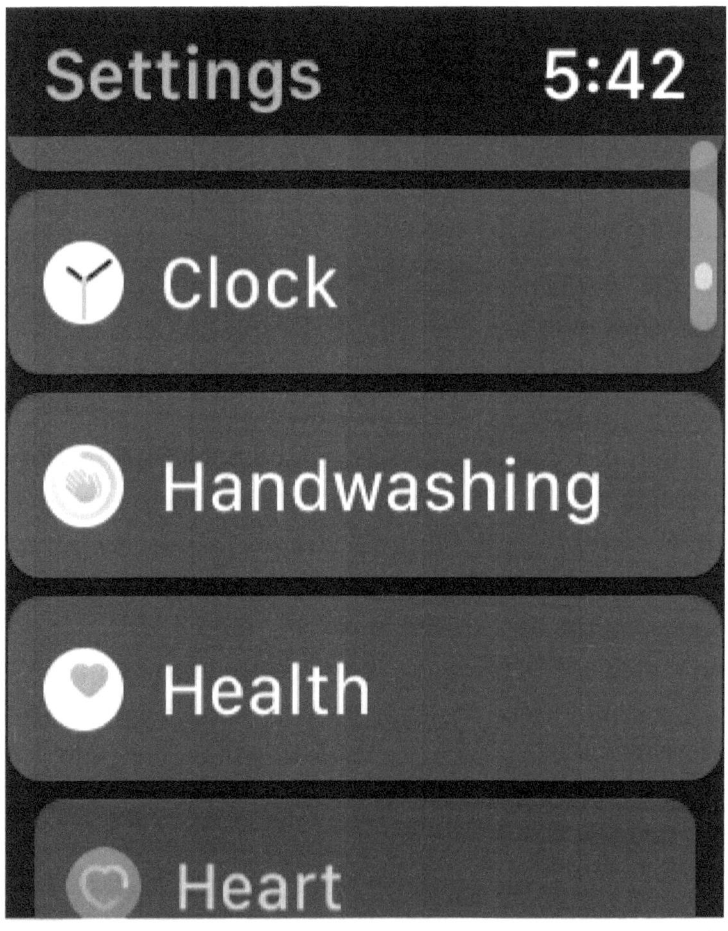

Toccatelo, quindi attivate il timer (sarà verde). Ecco fatto. Provate a lavarvi le mani.

Se non vedete subito il timer, dategli un paio di secondi. Il dispositivo ascolta l'acqua e rileva il movimento dell'utente che si lava le mani. Una volta avviato il timer, verrà visualizzata una notifica sul polso e il timer rimarrà sullo schermo fino al termine.

È fantastico, ma come si fa a ottenere le statistiche su quanto si è impuri?! Per questo vi servirà il vostro iPhone.

Accedere all'applicazione Salute Nella parte inferiore dello schermo sono presenti due schede: Riepilogo e Sfoglia.

L'applicazione di lavaggio si trova sotto Sfoglia. Per trovarla si può fare una delle due cose: cercarla o andare su Altro.

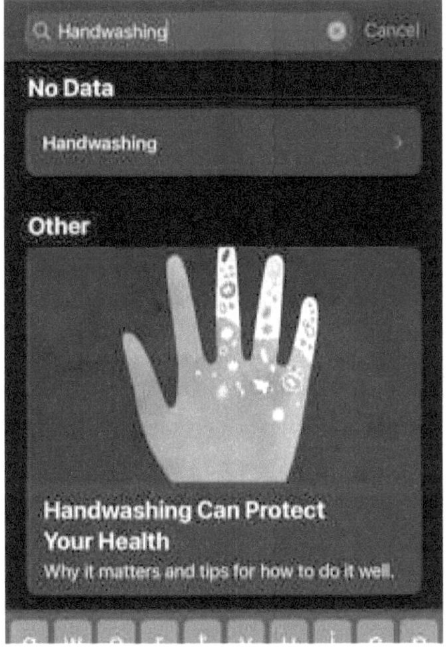

In questo modo verranno visualizzati tutti i dati disponibili dell'app sulle vostre abitudini di lavaggio. Nel mio caso, nessuno! Giuro che mi sono lavato le mani! Quello che segue è solo un primo screenshot.

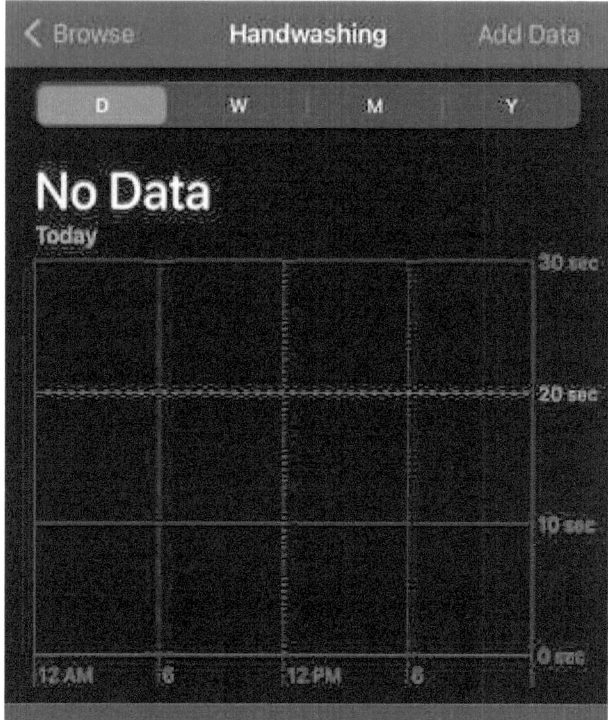

Se volessi, potrei andare su Aggiungi dati e aggiungere manualmente i tempi di lavaggio a mano.

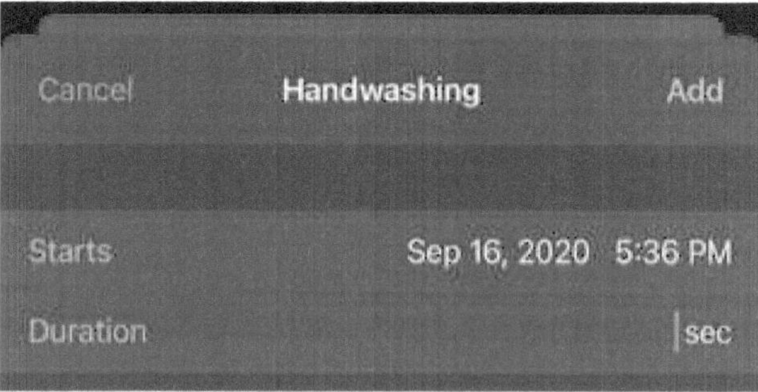

TELECOMANDO

Un fatto meno noto dell'orologio è che funge da telecomando per iTunes e Apple TV. e Apple TV.

Prima di iniziare, assicurarsi che l'orologio e il dispositivo stiano utilizzando la stessa rete; se il telefono utilizza una rete Wi-Fi e l'orologio un'altra, non funzioneranno. e l'orologio ne utilizza un altro, non funzioneranno.

RIPRODUZIONE REMOTA DI ITUNES

Se si desidera utilizzare l'orologio come telecomando per iTunes sul Mac, aprire l'applicazione Remote; quindi toccare Aggiungi dispositivo (+).

In iTunes sul computer, fate clic sul pulsante Remote vicino alla parte superiore della finestra di iTunes; vi chiederà di inserire il codice di 4 cifre che ora è visualizzato sull'orologio. (Nota: se cercate il pulsante Remote in iTunes prima di toccare Aggiungi dispositivo sull'Apple Watch, aspetterete a lungo: apparirà solo dopo aver toccato Aggiungi dispositivo; assicuratevi inoltre che iTunes sia aggiornato).

RILEVAMENTO DEGLI INCIDENTI

Una cosa che l'Apple Watch è riuscito a fare in modo eccezionale è salvare vite umane. Con Crash Detection (disponibile sui modelli Series 8, SE di seconda generazione e Ultra), l'orologio è in grado di rilevare se si è coinvolti in un incidente stradale e di avvisare i primi soccorritori se non si è in grado di reagire. L'obiettivo è quello di rilevare le collisioni gravi, in modo da non doversi preoccupare che i paramedici arrivino se si rientra un po' troppo nel garage.

Se accade l'impensabile, l'orologio avvisa che è stato rilevato un incidente; se non si annullano le notifiche entro 20 secondi, viene inviato un messaggio ai servizi di emergenza per inviare i soccorsi.

Attivare e disattivare la funzione è facile. Accedere all'app Impostazioni dell'Apple Watch, quindi selezionare SOS > Rilevamento incidenti e attivare o disattivare la funzione.

TELECOMANDO PER APPLE TV

Se si desidera utilizzare l'orologio come telecomando per iTunes sulla Apple TVaprire l'app Remote; quindi toccare Aggiungi dispositivo (+). (Nota: ricordate che dovete utilizzare la stessa rete Wi-Fi). Wi-Fi).

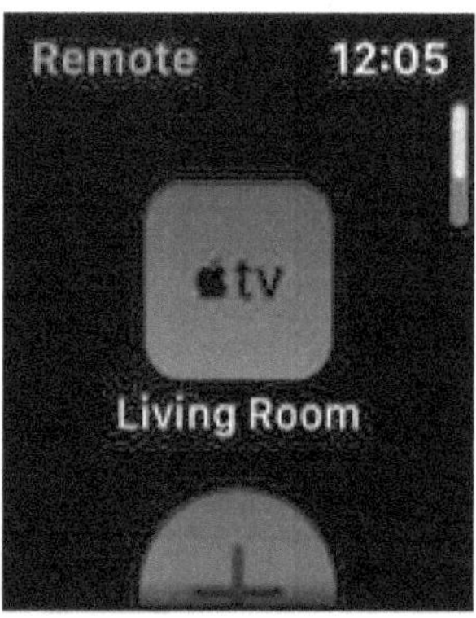

Su Apple TV andate su Impostazioni, quindi su Generali, infine su Telecomando e selezionate

l'Apple Watch; inserite il codice di accesso attualmente presente sull'orologio.

WALKIE-TALKIE

WatchOS 5 ha reso molto più facile comunicare
con le persone vicine grazie alla funzione Walkie-
Talkie. per comunicare con le persone vicine. Per
usarla, entrambe le persone devono avere un
Apple Watch Series 1 o successivo e WatchOS 9. È
inoltre necessario attivare FaceTime perché si uti-
lizzerà FaceTime Audio.

Purtroppo questa funzione non è disponibile in
tutti i Paesi.

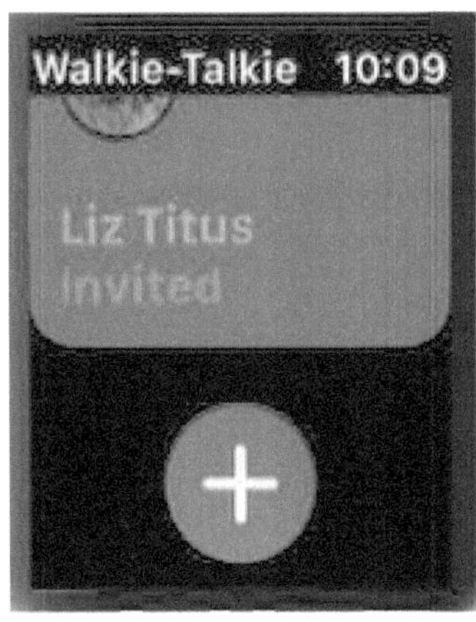

La prima volta che si utilizza l'applicazione, è
necessario aggiungere amici. Aprire l'applicazione.
Toccare quindi scegliere un contatto.

Aspettate. Non è come una telefonata che
mette subito in contatto con l'amico. L'amico deve

darvi il permesso di raggiungerlo. Rimarrà grigio finché la persona non accetterà. Una volta accettata, si può iniziare a parlare all'istante.

Per rimuovere un amico, aprire l'applicazione Walkie-Talkie l'applicazione Walkie-Talkie, passare il dito a sinistra sull'amico, quindi toccare ✕. Oppure aprire l'app Apple Watch sul proprio iPhone, toccare Walkie-Talkie > Modifica, toccare ⊖ quindi toccare Rimuovi.

Per iniziare una conversazione, basta aprire l'applicazione, toccare il nome dell'amico (dopo che ha accettato) e attendere che si connetta (deve indossare l'orologio). Una volta connessi, toccare Parla e dire qualcosa, quindi lasciare andare quando si è finito.

È possibile alzare e abbassare il volume con la corona digitale..

Se non si vuole più parlare con questa funzione, basta aprirla e disattivarla; se un contatto cerca di contattarvi, vi dirà che non siete disponibili.

Se si attiva la modalità Silenzioso, è ancora possibile ascoltare la voce dell'interlocutore e i suoni che arrivano. Se si attiva la modalità Teatro o Non disturbare non è possibile parlare.

CONFIGURAZIONE DELLA FAMIGLIA

Se avete un bambino e volete tenerlo al sicuro e connesso, ma non volete ancora permettergli di avere un telefono, l'Apple Watch è ora un'opzione valida per molte famiglie.

Family Setup consente ai bambini di avere un numero di telefono, ma su un dispositivo che non dispone di un browser Internet e di altre applicazioni che potrebbero non essere di loro gradimento.

Inoltre, vi consente di controllare chi chiama e cosa può fare esattamente.

L'inconveniente (oltre al fatto di dover acquistare un altro orologio) è che funziona solo con l'Apple Watch Series 4 o successivo e ha bisogno di un piano cellulare per sfruttare tutte le funzioni.

Per configurarlo, si inizia come per qualsiasi Apple Watch; se si utilizza un vecchio Apple Watch, è necessario eseguire un reset di fabbrica.

Quando si accende Apple Watch per accoppiarlo, è necessario selezionare Imposta per un membro della famiglia.

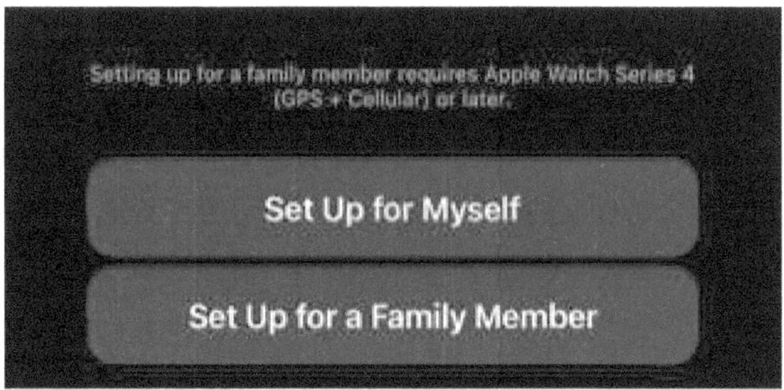

Successivamente, viene visualizzato un riquadro che spiega cos'è l'Impostazione famiglia.

Una volta accettati i termini e accoppiato l'orologio, verrà chiesto di scegliere i membri della famiglia che utilizzano il dispositivo. Se non li vedete, toccate Aggiungi nuovo membro della famiglia.

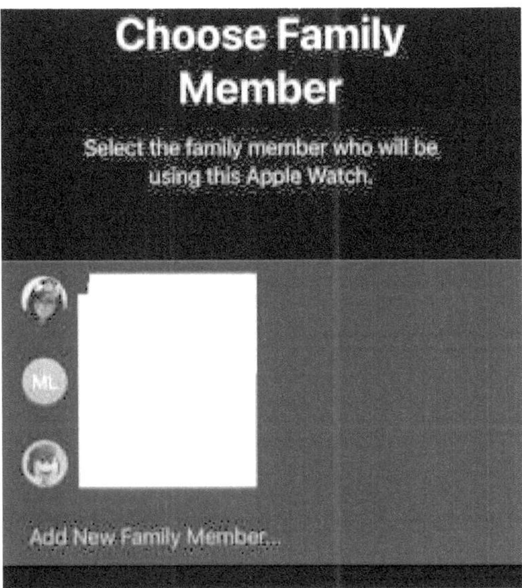

Se si aggiunge una persona nuova, è necessario completare una serie di passaggi. Si tratta solo di domande su ciò che si sta condividendo e su ciò che verrà abilitato.

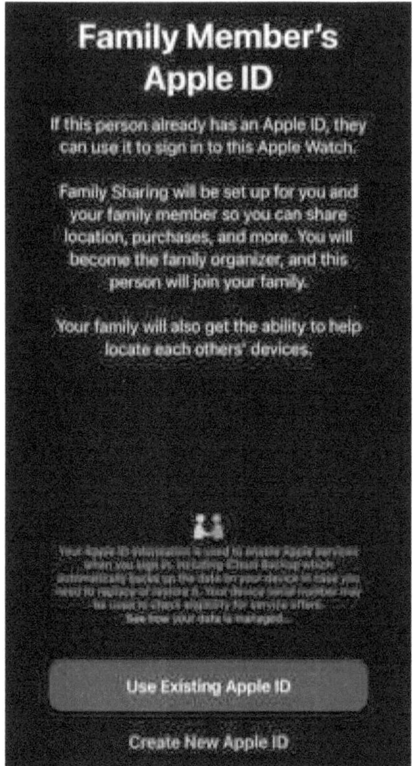

Una caratteristica piuttosto interessante di Impostazione famiglia è Apple Cash Family, che consente di condividere Apple Pay con un membro della famiglia. con un membro della famiglia; in questo modo si può dare loro accesso a 20 dollari che possono usare per il cibo o per qualsiasi altra cosa; funziona come Apple Pay sul telefono: si tocca l'orologio su un lettore di carte che lo accetta e il denaro viene prelevato.

L'ultima cosa che vi chiederà è di attivare l'orario scolastico; tratterò l'orario scolastico nella prossima sezione, ma se volete impostare un orario, questo è il punto in cui potete farlo.

TEMPO DI SCUOLA

Se si dispone di Impostazioni famiglia sul dispositivo del bambino, è possibile utilizzare Schooltime per creare orari: ad esempio, si può dire che dalle 9 alle 15 si attiva Schooltime; durante questo periodo, le funzioni dell'orologio saranno limitate, quindi il bambino non potrà giocare mentre dovrebbe studiare.

Il bambino può uscire brevemente dalla modalità Schooltime per controllare cose come i messaggi, ruotando la corona digitale e confermando di voler uscire. e confermando di voler uscire. La modalità si riaccenderà automaticamente quando avrà finito. Sarà inoltre possibile vedere la cronologia completa di quando è stato spento e per quanto tempo.

Schooltime è compatibile con gli Apple Watch dalla Serie 4 in su (e con l'Apple Watch SE), quindi se volete dare un orologio più vecchio a vostro figlio mentre ne acquistate uno nuovo, assicuratevi che sia un modello dalla Serie 4 in su per sfruttare al massimo le sue funzioni, quindi dovete avere anche il modello cellulare. Se avete solo il modello Wi-Fi è "tecnicamente" possibile utilizzarlo, ma non avrà la maggior parte delle funzioni principali, in particolare un numero di telefono per il dispositivo.

Se si decide di dare al bambino un orologio più vecchio per l'Impostazione famiglia, è necessario eseguire un reset di fabbrica e impostarlo come un nuovo dispositivo.

Per impostare un orario scolastico, aprite l'app Watch sull'iPhone, quindi toccate l'orologio del vostro bambino; se non lo vedete, probabilmente non avete ancora configurato l'Impostazione famiglia, quindi fate riferimento a quella sezione per sapere come fare. Toccare quindi Orario scolastico, quindi selezionare Modifica programma. Da qui si possono scegliere i giorni e gli orari in cui si desidera che l'orologio sia attivo; si possono anche aggiungere delle pause, quindi se si desidera che il bambino abbia pieno accesso all'orologio durante la ricreazione, è possibile modificarlo qui. Se è necessario modificare l'orario, seguire i passaggi precedenti, ma toccare il pulsante Informazioni accanto all'orologio gestito e toccare Orario scolastico e Modifica orario.

Se non si è eseguita una configurazione familiare del dispositivo, ma l'idea della modalità piace ancora, è possibile attivarla manualmente passando il dito verso l'alto e toccando l'omino che alza la mano. La si può spegnere nello stesso modo.

Per utilizzare Schooltime sul proprio Apple Watch, è necessario disporre di WatchOS 7 o successivo.

Condividere è prendersi cura

È possibile condividere rapidamente le Watch Faces, ma non solo. Anche per condividere le foto bastano un paio di tap. Andate nell'app Foto, trovate la foto che volete condividere e apritela; toccate la foto e vedrete un'icona di condivisione.

È possibile condividerlo tramite testo, e-mail o persino creare una watch face.

È possibile farlo anche con la musica che si sta ascoltando.

MODALITÀ NOTTURNA

La modalità notturna è un'esclusiva dell'Apple Watch Ultra; inverte i colori per creare un'esperienza meno luminosa e più facile da leggere e gestire nel tempo.

In condizioni di scarsa illuminazione, è possibile ruotare la corona digitale per attivarla.

Sebbene questa modalità non sia presente sull'orologio standard, su quest'ultimo esiste una modalità comodino che consente di utilizzare l'orologio per visualizzare l'ora sul comodino.

Sirena SOS

SOS Siren è disponibile solo su Apple Watch Ultra. Come la sirena dell'iPhone, la sirena, una volta attivata, fa suonare al vostro orologio una forte sirena che può essere udita da oltre 500 metri di distanza!

Per attivarlo, tenere premuto il pulsante di azione fino all'attivazione.

[8]
QUALI ALTRE COSE DEVO SAPERE ?

Questo capitolo tratta di:
- Accessibilità Caratteristiche
- Come prendersi cura dell'Apple Watch
- Come resettare l'Apple Watch
- Come aggiornare l'Apple Watch

Come ogni prodotto Apple, anche l'Apple Watch dispone di funzioni di accessibilità per aiutare le persone con disabilità.

Il funzionamento è molto simile a quello dell'iPhone; per accedere alle funzioni, andare all'app Apple Watch sull'iPhone, poi a Il mio orologio, poi a Generali e infine a Accessibilità..

Voce fuori campo

VoiceOver aiuta a utilizzare l'orologio anche se non lo si può vedere. Leggerà per voi tutto ciò che è presente sull'orologio. È possibile attivarlo accedendo all'app Impostazioni sulla schermata iniziale dell'orologio, quindi a Generali, Accessibilità e infine VoiceOver.e infine VoiceOver.

Quando VoiceOver è attivo, è possibile muovere il dito sul display e ascoltare il nome di ogni elemento toccato. VoiceOver utilizza anche gesti diversi: è possibile tornare indietro usando due dita per disegnare una "Z" sul display. Per aprire un'applicazione, si fa un doppio tocco invece di un singolo tocco. Per mettere in pausa la lettura di VoiceOver, toccare il display con due dita; toccare di nuovo con due dita per riprendere la riproduzione.

Quando si configura l'orologio per la prima volta, è possibile usare anche VoiceOver anche la funzione VoiceOver. Quando si accende l'orologio per la prima volta, premere il pulsante laterale; dopo l'accensione, fare triplo clic sulla manopola della corona digitale. manopola.

ZOOM

L'orologio ha un display piccolo, forse anche più piccolo di quanto si pensasse, quindi è comprensibile che si desideri un display un po' più grande. In questo caso, accedere all'app Impostazioni, quindi attivare Generali, Accessibilità e Zoom.e Zoom.

Per ingrandire o rimpicciolire il display quando lo Zoom è abilitato, si deve toccare due volte il display con due dita. Per spostarsi all'interno del display, trascinare con due dita.

TESTO IN GRASSETTO

Mettere il testo in grassetto è un altro modo per facilitare la lettura del testo sullo schermo. È possibile rendere il testo in grassetto accedendo all'app Impostazioni nella schermata iniziale, quindi toccando Generali e Accessibilità e attivando il testo in grassetto. e attivare il testo in grassetto; l'orologio dovrà essere riavviato prima di attivare questa funzione.

MANIPOLAZIONE

RIMOZIONE LE BANDE

Per cambiare un cinturino, premere il pulsante di rilascio del cinturino sull'Apple Watch e far scorrere il cinturino dall'altra parte, quindi inserire il nuovo cinturino. Non bisogna mai forzare il cinturino nella fessura, perché potrebbe rimanere incastrato.

Si consiglia di adattare la fascia in modo che sia vicina alla pelle, ma non così stretta da schiacciare il polso.

BANDA AUTOE

Apple consiglia di pulire le parti in pelle dei cinturini con un panno non abrasivo, privo di pelucchi e, se necessario, inumidito con acqua. Il cinturino non deve essere attaccato all'orologio durante la pulizia. Dopo la pulizia, lasciare asciugare il cinturino prima di riattaccarlo all'orologio. Non conservare la pelle alla luce diretta del sole, alle alte temperature o all'elevata umidità; inoltre non immergere la pelle nell'acqua, poiché non è resistente all'acqua.

Per tutti gli altri cinturini, Apple consiglia di pulirli allo stesso modo, ma di asciugarli con un panno non abrasivo e privo di pelucchi.

UN PO' PIÙ AVANZATO

RIAVVIO FORZATO L'APPLE WATCH

In casi molto rari, l'Apple Watch potrebbe bloccarsi o dover essere riavviato forzatamente. In tal caso, tenere premuti contemporaneamente il pulsante laterale e la manopola della corona digitale per dieci secondi. contemporaneamente per dieci secondi. Quando appare il logo Apple, è possibile rilasciarlo.

RIPRISTINO DELLE IMPOSTAZIONI DELL'OROLOGIO

Se si desidera reimpostare le impostazioni dell'orologio e renderlo come nuovo (si ricorda che questa operazione cancella tutto), accedere all'app Impostazioni dalla schermata iniziale, quindi andare su Generali, Reset e infine Cancellare tutti i contenuti e le impostazioni. Una volta ripristinato, sarà necessario accoppiarlo nuovamente al telefono. Assicuratevi di farlo se vendete o regalate l'orologio o il telefono, perché in caso contrario le vostre informazioni vitali (come le carte di credito) saranno disponibili a quella persona.

OTTENERE IL DNA DELL'OROLOGIO

Se avete bisogno di sapere qual è il numero di modello dell'orologio, la versione del software, il numero di serie o la capacità dell'orologio, accedete all'applicazione Impostazioni dalla schermata iniziale, quindi a Generali e Informazioni su.

AGGIORNAMENTO SOFTWARE PER APPLE WATCH

Come per l'iPhone e l'iPad, gli aggiornamenti del software dell'Apple Watch avvengono via etere, il che significa che non sarà necessario collegare nulla.

Per vedere se c'è un aggiornamento, aprire l'app Apple Watch sull'iPhone, quindi toccare Il mio orologio, Generali e infine Aggiornamenti software.. Vi dirà se c'è un aggiornamento e dovrete seguire la procedura. Gli aggiornamenti non sono molto frequenti, di solito solo una manciata di volte all'anno.

[9]
ACCESSORI PER OROLOGI

CINTURINI E ACCESSORI PER OROLOGI

Cos'è un orologio senza il suo cinturino? A differenza dei cinturini tradizionali, l'Apple Watch consente di cambiare i cinturini con estrema facilità. Inoltre, a differenza di qualsiasi altro prodotto Apple, è possibile scegliere tra un'ampia gamma di colori; di solito un prodotto Apple è disponibile in due o tre colori, ma con gli orologi ci sono diverse decine di modi per combinarli e abbinarli.

Di seguito è riportata una guida a tutte le diverse opzioni tra cui è possibile scegliere. (Nota: quando acquistate un cinturino, ricordate che un cinturino da 42 mm non sarà compatibile con un orologio da 38 mm o viceversa). Se non diversamente indicato, tutti i cinturini sono disponibili sia da 38 che da 42 mm. Alcuni cinturini non sono taglia unica.

BANDE E ACCESSORI UFFICIALI

LOOP IN SOLITARIA

Alcune persone non amano le fibbie degli orologi; se questo è il vostro caso, il Solo Loop potrebbe fare al caso vostro. È realizzato in gomma elastica, quindi si infila semplicemente. È disponibile in diverse misure e prima dell'acquisto è bene prendere le misure per essere sicuri di ottenere la vestibilità migliore.

ANELLO SOLITARIO INTRECCIATO

Il Braided Solo Loop è simile al Solo Loop, ma ha un aspetto intrecciato. Inoltre, scivola sul polso, senza fibbie.

BANDA SPORTIVA

È disponibile in nero, grigio spazio, bianco, rosa, blu e verde. La fascia è ovviamente la migliore per l'allenamento; è anche la più economica tra quelle disponibili. È realizzato in fluoroelastomero, una gomma sintetica nota per le sue buone prestazioni al calore. Poiché questa fascia non è una taglia unica, la tabella sottostante aiuta a fare la scelta giusta:

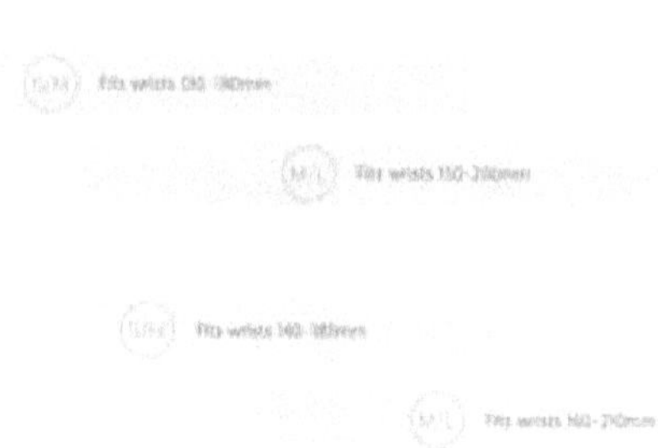

Fibbia classica

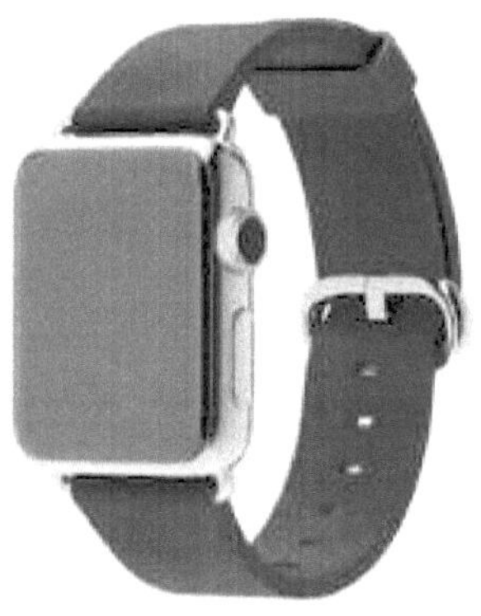

Questa fascia è realizzata in pelle olandese proveniente da una conceria dei Paesi Bassi. La mela promessa dal mulino le conferisce una consistenza particolare. La chiusura è in acciaio inossidabile.

Anello milanese

Apple afferma che l'ispirazione per questo cinturino in acciaio inossidabile è stata una fascia a maglie della Milano del XIX secolo. La fascia è completamente magnetica e facile da indossare.

Fibbia moderna

Tre misure: piccola, media e grande.

È disponibile nei colori marrone, nero, rosa e blu notte. La pelle di questo splendido cinturino proviene da una conceria francese fondata nel 1803. In che cosa si differenziano i cinturini moderni e quelli classici? La pelle è leggermente diversa, ma la differenza più evidente è la fibbia. Il classico è un cinturino con fori; il moderno è un cinturino magnetico che consente di ottenere una vestibilità più precisa. Poiché questo cinturino non è una taglia unica, la tabella sottostante aiuta a fare la scelta giusta:

BRACCIALE A MAGLIE

Uno dei cinturini più costosi e complessi, questo cinturino in acciaio inossidabile ha oltre 100 parti. Apple sostiene che la lavorazione è così complessa che ci vogliono nove ore per assemblare una singola cassa. La chiusura magnetica è a taglia unica.

PASSANTE IN PELLE

Disponibile solo per la fascia da 42 mm.

È disponibile nei colori pietra, marrone chiaro, blu brillante e nero. Realizzata in pelle di Venezia e lavorata a mano ad Arzignano, in Italia, questa fascia ha un aspetto morbido e dorato. Il passante magnetico è facile da indossare. Poiché questa fascia non è una taglia unica, la tabella sottostante vi aiuta a fare la scelta giusta:

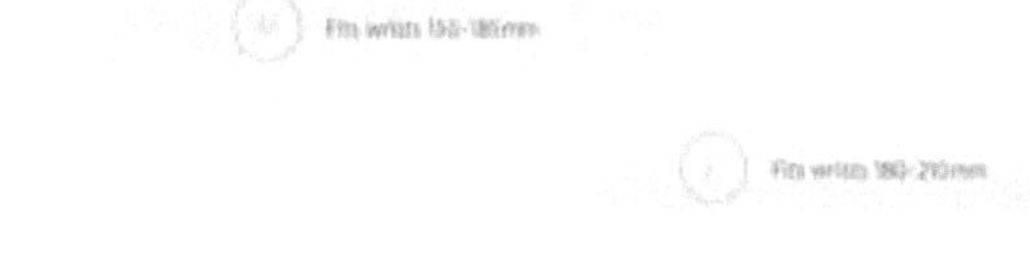

RICARICA MAGNETICA DI APPLE WATCH CAVO

(29 dollari per il cavo da 1 m; 39 dollari per il cavo da 2 m)

Apple ha annunciato un solo accessorio ufficiale per l'Apple Watch, ovvero un caricabatterie supplementare (uno viene fornito gratuitamente con l'orologio).

INDICE

SULL'AUTORE

Scott La Counte è bibliotecario e scrittore. Il suo primo libro, *Quiet, Please: Dispatches from a Public Librarian* (Da Capo 2008) è stato scelto dall'editore del Chicago Tribune e titolo Discovery del Los Angeles Times; nel 2011 ha pubblicato il libro YA The N00b Warriors, che è diventato un best-seller Amazon numero 1; il suo libro più recente è *#OrganicJesus: Finding Your Way to an Unprocessed, GMO-Free Christianity* (Kregel 2016).

Ha scritto decine di guide best-seller sui prodotti tecnologici. Insegna UX Design alla UC Berkeley e scrittura al Gotham Writers Workshop.

È possibile contattarlo all'indirizzo ScottDouglas.org.